O RABINO
DO MUNDO

Gustavo Binenbojm

O RABINO
DO MUNDO

A sabedoria judaica compartilhada

HISTÓRIA REAL

© 2023 Gustavo Binenbojm

PREPARAÇÃO
Andréia Amaral

REVISÃO
Rayana Faria
Elisa Menezes

DESIGN DE CAPA E MIOLO
Elisa Von Randow

DIAGRAMAÇÃO
Equatorium Design

CIP-BRASIL. CATALOGAÇÃO NA PUBLICAÇÃO
SINDICATO NACIONAL DOS EDITORES DE LIVROS, RJ

B499r

    Binenbojm, Gustavo, 1972-
       O rabino do mundo : a sabedoria judaica compartilhada / Gustavo Binenbojm - 1. ed. - Rio de Janeiro : História Real, 2023

       144 p. ; 21 cm.
       ISBN 978-65-87518-51-0

       1. Judaísmo - Filosofia. 2. Espiritualidade. I. Título.

23-82946   CDD: 296
                               CDU: 26

Gabriela Faray Ferreira Lopes - Bibliotecária - CRB-7/6643
14/03/2023   15/03/2023

[2023]
Todos os direitos desta edição reservados a
História Real, um selo da Editora Intrínseca Ltda.
Rua Marquês de São Vicente, 99, 6º andar
22451-041 — Gávea
Rio de Janeiro — RJ
Tel./Fax: (21) 3206-7400
www.historiareal.intrinseca.com.br

Aos que vieram antes, com gratidão.
Aos que virão depois, com esperança.

"A vida é muito curta para ser pequena"
BENJAMIN DISRAELI

Sumário

Prefácio, 10
Prólogo, 19

1. *Urbi et orbi*: do gueto para o mundo, 24
2. Em busca de sentido: onde a paixão encontra o dever, 30
3. Por que sou judeu?, 35
4. Isso, na verdade, não é nada. Isso é tudo, 40
5. Bendito o erro: perdão na era do imperdoável, 45
6. Líderes formam líderes, não discípulos, 51
7. Meu antissemita favorito, 55
8. Pregando entre reis e primeiros-ministros, 63
9. Sacks *versus* Dawkins, 67
10. Onde estava Deus no Holocausto, 72
11. Lorde Sacks, o filho do mercador, 76
12. O rabino entre o papa e o Dalai Lama, 80
13. Paul Johnson, o historiador católico do judaísmo, 85
14. Quem é sábio? Quem é rico? Quem é honrado?, 88
15. O mundo construído de palavras, 92
16. *We are a people of faith, not fate* (Somos um povo de fé, não predestinado), 98
17. O judaísmo e a sacralidade da vida, 104
18. Cooperação e competição, 108
19. O humor judaico como redenção, 113
20. A festa incompleta da liberdade, 117
21. Salvar alguém é salvar-se, 122
22. O menino Jonathan, 126

Epílogo, 131
Glossário, 135
Referências, 139

Prefácio

GUSTAVO BINENBOJM integra o rol dos qualificados e inovadores estudiosos do Direito Administrativo no Brasil. A ênfase do seu trabalho está no processo de constitucionalização do Direito brasileiro. É o que qualifica como o giro democrático constitucional, que eleva as bases axiológicas da disciplina, área privilegiada de conhecimento da sua dedicação de jurista.

A mudança de eixo que o autor propõe propicia foco em valores, o que conjuga-se, no seu percurso de estudioso, com o que denomina o giro pragmático – centrado em novas estruturas, conceitos e procedimentos administrativos, empenhados em promover os melhores resultados para a sociedade.

Os princípios que regem a administração pública no Brasil, contemplados no artigo 37 da Constituição Federal, positivam esses dois giros, que têm sido objeto dos relevantes estudos do professor Gustavo. Entre eles, destaco o princípio da moralidade e o princípio da eficiência.

Faço essas observações preliminares para pontuar, na condição de estudioso do Direito, como a obra de jurista de

Gustavo alarga o conhecimento da experiência jurídica em nosso país ao esclarecer como vem se dando o inter-relacionamento dos fatos das realidades sociais com os valores das aspirações do justo e a concreção e aplicação das intenções objetivadas no ordenamento jurídico.

O rabino do mundo – A sabedoria judaica compartilhada é o novo livro do professor Gustavo, que tenho a satisfação de prefaciar. Ressalvo desde logo que o meu repertório para realçar as qualidades da sua nova empreitada é bem mais modesto do que aquele que como professor de Direito me permite afirmar, alinhado com Luís Roberto Barroso e Carlos Ari Sundfeld, o relevo de sua contribuição às letras jurídicas. No entanto, valendo-me da analogia, tradicional procedimento jurídico, diria preliminarmente que *O rabino do mundo* representa um novo giro da sua reflexão.

A fonte instigadora desse giro provém, como ele explica no Prólogo, do significado da tradição judaica e do seu vínculo de pertencimento a essa herança como o sentimento de um *dado* da sua conexão com a condição judaica. Relata a presença na sua vida de seu avô paterno, Gerz, e o pano de fundo da experiência de uma família que emigrou do Leste Europeu para o Brasil na década de 1930, escapando, assim, da tragédia do Holocausto. Aponta a força do relacionamento com seu pai e o alcance simbólico do *kaddish* – a oração dos enlutados –, que rezou quando ele partiu. Sublinha a vivência familiar e comunitária de pertencimento judaico que para ele adquiriu sentido concreto com seu casamento com Letícia. Indica assim como o "léxico familiar" conjugado com o quarentenamento da Covid-19 aprofundou a instigação da sua identidade judaica, que está na origem deste livro. A identidade judaica, como um convergir de sentir e pertencer, exprime-se individualmente de maneira variada e pluralista.

Uma das suas características, fruto da herança milenar, é a obrigação de lembrar – *zakhor* –, que reverbera no "Deuteronômio" e nos profetas. Essa obrigação traduziu-se na afirmação do papel e do significado da *memória*, como uma recordação compartilhada em comum. Tem o seu cerne nos textos sagrados, estudados com zelo e devoção exegética no correr dos séculos pelos sábios do judaísmo. Foi sendo transmitida, de geração em geração, no ensino e na observância das práticas religiosas em todos os quadrantes geográficos no âmbito das Diásporas das comunidades judaicas. É a expressão de uma ética de recordação, como destacou Yerushalmi e também Margalit.

Rousseau observou, nesse contexto, num dos seus fragmentos políticos, o surpreendente fenômeno que, em contraste com as leis de Solon, Numa e Licurgo, já mortas, as leis de Moisés, mais antigas, estão vivas pela dedicação a elas devotadas pelos judeus.

Foi a vitalidade heurística dessas leis, fruto da obrigação do lembrar e dos seus desdobramentos, que inspirou o giro reflexivo de *O rabino do mundo*. É giro muito distinto daqueles anteriores, que inspiraram suas obras jurídicas, mas com eles guarda a coerência de uma dialética de complementariedade. Com efeito, lida em outra chave e para um público mais amplo e não especializado com as bases axiológicas do Direito e do relacionamento governantes/governados, que permeia a Filosofia e a Teoria Geral do Direito.

O livro almeja "tornar novo o velho e sagrado o novo, fazendo do judaísmo um patrimônio comum e acessível a toda a humanidade". Na elaboração de sua límpida narrativa, Gustavo guiou-se pelo preceito do *tikkun olam*, que se refere às várias formas de reparar o mundo, que, como ele diz, é uma missão que não se circunscreve ao universo judaico, mas é a missão mais abrangente, a de contribuir com ações para tornar o mundo mais humano.

É assim, nesse contexto do alcance de um *tikkun*, que o livro discute, com grande clareza, *inter alia*: a dignidade da diferença; a busca do sentido de propósitos que façam a vida valer a pena; o perdão na era do imperdoável; os desafios éticos da era digital; a formação de líderes dotados de autoridade moral para construir o amanhã; o antissemitismo e a persistência do tema do ódio; o papel da religião no entender das coisas, o que não se confunde com o conhecer da ciência; a linguagem como base de criação, de revelação e de vida moral; a dinâmica da cooperação e da competição; a liberdade e a sua dimensão de esperança.

A âncora reflexiva do livro no trato desses temas é o rabino Jonathan Sacks, recém-falecido, que Gustavo qualifica como um rabino do mundo. Lorde Sacks, que integrou com *auctoritas* a Câmara dos Lordes na Inglaterra, foi um rabino ortodoxo que tinha um excepcional e original domínio das fontes judaicas tradicionais e, ao mesmo tempo, um não menor conhecimento da reflexão laica sobre os temas da Ética e da

Filosofia, lastreada na concomitância de sua formação em Cambridge e de sua ordenação rabínica. Foi o que o tornou um intelectual público de larga repercussão, singularmente apto a lidar, nas suas intervenções, livros e prédicas, com os desafios do mundo contemporâneo, em criativo diálogo com múltiplos interlocutores, dentro e fora do mundo judaico. Daí o alcance de sua palavra, iluminada pelos seus dotes de grande expositor e pela qualidade escrita e falada do seu inglês, que tornou sua mensagem acessível a tantos e diversificados públicos. É autor de uma densa obra, parte eletronicamente acessível, lida com gosto e sintonia por Gustavo.

Para destacar a dialética de complementariedade de *O rabino do mundo* com os giros reflexivos da obra de jurista do autor, vou recorrer à lição do próprio Sacks, que trata da relação entre o Direito e o judaísmo num dos seus textos sobre a leitura semanal do Pentateuco. Nele indaga por que há tantos judeus advogados e tantos eminentes magistrados de origem judaica que tiveram destacada atuação, por exemplo, na Suprema Corte dos EUA: Louis Brandeis, Benjamin Cardozo, Felix Frankfurter e, mais recentemente, Ruth Bader Ginsburg e Elena Kagan. No nosso Supremo Tribunal Federal, destacam-se atualmente Luiz Fux e Luís Roberto Barroso.

A resposta de Jonathan Sacks parte do "Deuteronômio" (1;16-17), destacando que Moisés, ao rever o histórico da experiência de Israel desde o seu início, realça a prioridade conferida à administração da justiça. Ela é sumarizada mais adiante (Deuteronômio, 16-19-20) com os ensinamentos sobre julgar o povo com o reto juízo – um juízo que não torcerá as coisas, não fará distinção entre pessoas e sem suborno, porque o suborno cega os olhos dos sábios e subverte as palavras justas, numa passagem que conclui: *"A justiça e somente a justiça seguirás."*

O rabino arremata seu texto, que é uma prédica, pontuando que o judaísmo não diz respeito apenas à espiritualidade, não é só um código para a salvação das almas. É um conjunto de instruções provenientes da palavra legislativa de Deus sobre como se deve dar a dinâmica dos espaços compartilhados da vida coletiva.

Isso requer a lei e o Direito, representativos de uma justiça, que honre os seres humanos sem discriminação, e que permita o juízo imparcial sem distinção entre ricos e pobres, poderosos e despossuídos (SACKS, 2016, p. 279-280).

É nesse contexto que me permito destacar o que diz Gustavo no seu livro sobre a importância da democracia nesta nossa era de extremos:

> a democracia é um projeto moral fundado em duas ideias complementares de liberdade: a autodeterminação individual, base das escolhas que fazemos em nossas vidas privadas, e a autodeterminação coletiva, base das escolhas que fazemos em nossa vida comunitária, como cidadãos. O que faz a democracia funcionar é o Direito. É o Direito que define as fronteiras entre o viver individual e o conviver coletivo, permitindo que sigamos igualmente livres para sermos diferentes.

Gustavo também realça que a democracia e o Direito são narrativas que "construíram, ao longo dos séculos, a melhor capacidade de cooperação entre as pessoas em toda a história". Propiciam em conjunto, na apropriada presença do valor de Justiça, *a confiança*, inclusive na economia, a partir das leis tuteladoras da segurança de previsibilidade das expectativas.

É pertinente mencionar, a respeito da proposta da democracia e da voz da herança judaica, que o processo de aprendizado da lei judaica, cuja vitalidade surpreendeu Rousseau, inspira-se nas ideias democráticas da discussão humana de uma Lei Revelada pela aliança de Deus com o povo judeu. É o que aponta Ze'ev W. Falk, que foi professor de Direito talmúdico, na Universidade Hebraica de Jerusalém, e um estudioso de História e Filosofia do Direito (FALK, 1981, p. 49-50).

Nesse contexto do ensinamento, cabe lembrar que a Bíblia integra o cânone cultural e religioso do Ocidente. É também nos livros do Antigo Testamento a pedra angular do judaísmo, mas o Talmude (estudo, aprendizado) é seu pilar central, alçado dos seus alicerces e que constitui a expressão mais importante da herança judaica tradicional.

O Talmude é uma obra coletiva, fruto da discussão e do debate multissecular dos sábios do judaísmo. É o estudo da lei e dos seus comentários. Um vasto repositório da sabedoria judaica que conglomera abrangentes discussões sobre ensinamentos éticos, lendas populares, provérbios e conselhos. A persistência do seu estudo lastreia o papel da memória como uma recordação compartilhada em comum – conforme mencionei anteriormente neste Prefácio, um ingrediente da identidade judaica.

Essa persistência é um dos dados da permanência do judaísmo, como enfatizou o rabino Adin Steinsaltz no seu *Talmud essencial*, cuja edição brasileira, publicada em 2019 pela editora Sêfer, tive a satisfação de prefaciar. O Talmude é a expressão, como diz Adin, de um "intelectualismo sagrado", a que se consagrou na sua dedicada e ciclópica obra de uma nova edição, com comentários do grande mar do Talmude. Trata-se de uma obra que, além do mais, na sua circunferência, cobre praticamente todo o cânone da tradição judaica.

Menciono o rabino Adin, também falecido recentemente, pela sua proximidade pessoal e intelectual com o rabino Sacks, e porque foi, como ele, um intelectual público. Teve, com as características próprias de sua personalidade, muito distintas das de Sacks, a vocação pedagógica de transmitir para além do âmbito judaico, como um rabino do mundo, o alcance da herança judaica e, na sua especificidade, a universalidade da mensagem de sua sabedoria.

Dessa interação, para ficar na esfera da minha própria área de conhecimento, registro que a tradição talmúdica influenciou Grócio e Selden, fundadores do moderno Direito Internacional Público, elaborado no âmbito da concepção de uma *societas gentium*, pluralista, mas una, tendo como princípio a unidade do gênero humano. Daí, no internacionalismo do pensamento judaico, a valorização da paz, inspirada nos profetas, e a "ideia a realizar", do aprimoramento das normas do Direito Internacional Público, como a missão de um *tikkun*. É o que examinou Prosper Weil, eminente internacionalista francês, e, como Gustavo, um administrativista de primeira água, em curso na Academia de Direito Internacional de Haia (WEIL, 1983).

O professor Ze'ev W. Falk, mencionado anteriormente, observou, durante um curso sobre Direito Talmúdico na Faculdade de Direito da USP, que um mestre deve ser, ao mesmo tempo, *gamir* – conhecedor das tradições – e *savir* – inteligente e racional (FALK, 1988, p. 37).

É com as qualidades de um mestre, dotado das virtudes de um *gamir* e de um *savir*, que o professor Gustavo Binenbojm oferece aos seus leitores o prazer de usufruir do seu belo, pertinente e límpido livro: *O rabino do mundo – a sabedoria judaica compartilhada*.

Celso Lafer
MEMBRO DA ACADEMIA BRASILEIRA DE LETRAS
PROFESSOR EMÉRITO DA FACULDADE DE DIREITO DA USP
São Paulo, fevereiro, 2023

Referências:

FALK, Ze'ev W. *Law and Religion*: the Jewish Experience. Jerusalém: Mesharim, 1981, p. 49-50.

FALK, Ze'ev W. *O Direito Talmúdico* – uma introdução. Tradução de Neide Terezinha Moraes Tomei e Esther Handler. São Paulo: Associação Universitária da Cultura Judaica, 1988, p. 37.

MARGALIT, Avishai. *Ética del recuerdo*. Tradução de Roberto Bernet. Barcelona: Herder, 2002.

SACKS, Jonathan. *Essays on Ethics*, A Weekly Reading of the Jewish Bible. Jerusalém: Maggid Books, 2016, p. 279-280.

STEINSALTZ, Adin. *Talmud essencial*. São Paulo: Sêfer, 2019.

WEIL, Prosper. *O Direito Internacional no pensamento judaico*. Tradução de Marina Kawall Nóbrega, prefácio de Celso A. Mello. São Paulo: Perspectiva, 1983.

YERUSHALMI, Yosef Hayim. *Zakhor*: Jewish History and Jewish Memory. Seattle: University Press, 1982.

Prólogo

ESTE É UM LIVRO DE AVENTURAS. Não que ele seja uma narrativa fundada numa ação dramática típica. Mas, de certo modo, acabei por compreendê-lo assim. Sempre fui fascinado por epopeias, que perenizam tradições ancestrais através dos tempos. Embora a Ilíada e a Odisseia, do poeta grego Homero, sejam consideradas as maiores epopeias da cultura ocidental, nada se compara, por motivos óbvios, à influência colossal do maior épico de todos os tempos: a Bíblia.

Refiro-me aqui, mais especificamente, à Bíblia judaica (Torá), conhecida como Antigo Testamento ou Pentateuco. Enquanto o Novo Testamento trata da história de um homem perfeito – Jesus Cristo, o próprio Deus feito homem, segundo a tradição cristã –, o Velho Testamento trata da história de homens e mulheres imperfeitos. Sua narrativa é marcada por erros, enganos, traições, incestos, adultérios, enfim, todos os pecados humanos. Mas, ao mesmo tempo, conta a trajetória de um povo capaz de sobreviver às piores provações, sem perder o senso comunitário e a conexão com seus valores fundamentais. É a epopeia da família humana na busca por conferir à sua vida a dignidade de um sentido. Como disse o historiador católico inglês Paul Johnson, os judeus acreditaram de forma tão ferrenha e inquebrantável no seu papel histórico de farol da humanidade, que acabaram por se tornar a profecia que se autorrealizou. A própria tradição judaica ensina: a vida não é um destino a ser cumprido, mas um futuro a construir. Um exercício de genuína liberdade. Essa é uma história extraordinária de resiliência, confiança e sabedoria, que se repete há cerca de três milênios e meio. Essa é também a minha história e a da minha família.

Tenho ainda viva na memória a presença serena de meu avô paterno, Gersz, na nossa casa, de seu sotaque carregado e seu amor pelos netos. O judaísmo não era um assunto. Descobri depois que meus avós haviam instruído meu pai e meus tios a dizer na escola, desde cedo, que eram cristãos ortodoxos: não seriam perseguidos por serem judeus, mas também não seriam cobrados como católicos. Só com o tempo pude entender que havia, bem perto de mim, um caso muito comum entre judeus na Diáspora: eles haviam fugido da Europa por medo, mas o medo permanecia dentro deles.

Por alguma razão, meu avô contava-me histórias de seu passado que nunca havia compartilhado com os filhos. Meu pai até comentava, com uma ponta de ciúme, que ignorava por completo aquelas informações. Não eram poucas nem irrelevantes. Meu avô tinha um irmão mais novo, chamado Aba, que permanecera na Polônia, enquanto ele e seu outro irmão, Avrum, vieram para o Brasil, no início da década de 1930. Em 1942, Aba fugiu por Paris, almejando chegar ao Brasil, mas acabou capturado pelos nazistas e enviado para a morte em Auschwitz. Ninguém nunca soube desse fato na família. Desse e de muitos outros, dolorosos e pitorescos, que meu avô passou a me contar. Todos, de alguma forma, guardavam relação com a nossa identidade judaica. Aquilo me intrigava muito, mas me interessava ainda mais.

Em meu oitavo dia de vida recebi uma visita para cumprimento do mais sagrado dos preceitos judaicos – a circuncisão. Meu avô convencera meus pais de que seria uma boa ideia, por motivos relacionados à saúde. Ficou encarregado de resolver a questão. Levou então um amigo especialista na matéria à nossa casa. O que meus pais não sabiam é que o tal amigo era um *mohel*, alguém habilitado a realizar o Brit Milá, seguindo a tradição religiosa. Minha mãe não é judia, mas sempre teve grande respeito, admiração e amor pelo judaísmo. Meu avô usou um argumento sanitário – talvez por mera política de boa vizinhança – e ela teve gosto em aceitá-lo.

Anos mais tarde, numa conversa com o rabino Nilton Bonder, deparei-me com uma assertiva desconcertante: "para mim só é judeu quem tem um neto judeu!" Mais alguns anos de terapia me levaram a concluir que meu avô havia procurado o neto caçula para passar o bastão, para me dar o seu testemunho. Eu era a última oportunidade que ele tinha de transmitir o seu legado – de ser judeu, enfim. Havia perdido a fé, mas não a identidade. Os valores judaicos estavam ali, absolutamente intactos. Minha avó paterna adoeceu gravemente e ele cuidou dos filhos sozinho, como pai e mãe. Valorizava o estudo, o trabalho duro e a família. Evitava a maledicência e não se excedia em nada. Chegou aos 94 anos e teve um final de vida rápido e suave.

Acabei me casando com Leticia, que teve educação judaica formal e dividiu comigo, além da vida, toda a sua vivência familiar e comunitária. Foi um caminho de volta maravilhoso, natural como um amanhecer. Sempre me lembro de uma história do Talmude, segundo a qual, durante a gestação, um anjo lê a Torá para o bebê, mas, com um sopro, o leva a esquecer de tudo ao nascer. Por isso, quando a criança a estuda, para fazer o Bar Mitzvá ou o Bat Mitzvá, ao alcançar a maioridade religiosa, está, na verdade, relembrando o que um dia já ouviu. Ao longo da vida, a minha afinidade com o judaísmo sempre foi tamanha que, a cada livro, a cada prédica, a cada nova experiência, é como se eu estivesse apenas relembrando antigas lições.

Minha visão do judaísmo não é formal. Não tenho e nem pretendo ter esse *lugar de fala*. Os judeus são, para mim, os portadores desse conhecimento sapiencial construído ao longo da história e que hoje pode ser compartilhado livremente. O título *O rabino do mundo: a sabedoria judaica compartilhada* é uma homenagem ao rabino e lorde inglês Jonathan Sacks, cuja obra escrita e oral me influenciou enormemente. Mas o livro contém também referências a outros rabinos e filósofos laicos, cujas ideias sobre temas de interesse não apenas do judaísmo, mas do humanismo em geral, são postas em diálogo. Afinal, como ensina Sacks, a humanidade é formada tanto pelo que temos em comum quanto pelo que nos diferencia. Nossas diferenças nos conferem uma identidade. Nossos traços comuns nos lembram de nossa humanidade. Somos singulares, mas iguais, ao mesmo tempo.

No meio da pandemia da Covid-19, recebo uma ligação da minha irmã, que é médica. O melanoma de nosso pai tivera uma recidiva. Embora da primeira vez a cirurgia tivesse sido bem-sucedida, agora o quadro era de metástase. Estávamos *quarentenados* em Itaipava, na serra do Rio de Janeiro. Abracei minha mulher e filhas, e chorei longamente. Devo a elas – e a tudo que aprendi ao longo da vida com o judaísmo – ter conseguido dar conforto a meus pais e irmãos, e atribuir sentido a esse tempo difícil.

Numa das conversas com papai, perguntei-lhe se ele gostaria que eu dissesse o *kaddish* após sua partida. O *kaddish* é a oração judaica dos enlutados, ainda pronunciada em aramaico, a qual, curiosamente, não fala sobre morte, mas enaltece a sacralidade da vida. Papai não respondeu com palavras; apenas meneou a cabeça, concordando. Percebi seus olhos marejados, como que a realizar um último desejo. Na despedida, senti-me reconfortado por estar ali, ao seu lado, e poder prestar-lhe uma última homenagem, na forma que lhe fora privada ao longo de toda a vida.

Que este livro possa oferecer a seus leitores a possibilidade de tornar novo o velho e sagrado o novo, fazendo do judaísmo um patrimônio comum e acessível a todos.

1.
Urbi et orbi: do gueto para o mundo

> *"A missão do judeu não é tornar o mundo mais judaico. É torná-lo mais humano. O judaísmo é um meio para o humanismo."*
>
> RABINO HENRY SOBEL

A PALAVRA RABINO SIGNIFICA, literalmente, meu professor. Na tradição judaica, os rabinos exercem as funções litúrgicas, mas não em caráter exclusivo. Os membros da comunidade também podem oficiar nas cerimônias religiosas, mesmo sem formação rabínica. Também não há no judaísmo uma autoridade central (como o papa, na Igreja Católica). Cada comunidade tem os seus seminários teológicos, que formam os próprios rabinos ou os exportam para aquelas que não os têm.

Assim como os professores, os rabinos podem ser tolerados, respeitados ou admirados. No primeiro caso, prevalecem pelo poder social que exercem. No segundo, pela importância de seus ensinamentos ou por sua liderança. Já no terceiro, quando seu exemplo se torna fonte de inspiração para a atual e as futuras gerações. É a comunidade que legitima a carreira de seus rabinos.

Jonathan Henry Sacks foi um exemplo de rabino tão admirado quanto respeitado. Ele nasceu junto com o Estado de

Israel, em 1948, tendo se despedido de uma legião de seguidores espalhados pelo mundo – de todos os credos e também de credo algum –, em 2020. Além da ordenação rabínica pela London School of Jewish Studies e pela London's Etz Chaim Yeshiva, Sacks estudou nas Universidades de Cambridge, Oxford e King's College London, nas quais obteve sua graduação, mestrado e doutorado em Filosofia, respectivamente. Entre 1991 e 2013, exerceu a função de rabino-chefe do Reino Unido e da Comunidade Britânica das Nações. Em 2009, foi nomeado membro da Câmara dos Lordes pela Rainha Elizabeth II, cargo que ocupou até sua morte.

Mas Jonathan Sacks não foi apenas um rabino, teólogo, filósofo e escritor prolífico. Sua voz transcendeu os muros da comunidade judaica e britânica, para ressoar em ambientes políticos, nas universidades, nos diálogos interreligiosos e na formação mais ampla do debate público nas redes sociais. Sacks tornou-se, nas palavras de Tony Blair, ex-primeiro-ministro britânico (1997 a 2007), uma espécie de "rabino do mundo": alguém a quem pessoas vinculadas a qualquer origem religiosa – ou desvinculadas de todas elas – poderiam recorrer para ouvir o ponto de vista do judaísmo sobre algum problema relevante da humanidade.

Mas como uma religião tão antiga, de cerca de 3.500 anos de existência, professada hoje por pouco menos de 15 milhões de seres humanos (apenas 0,19% da população mundial), de caráter não proselitista e não missionário, seria capaz de oferecer algum ponto de vista útil para toda a humanidade? Como a visão tão confessadamente particular dos judeus pode ter algum valor universal? Jonathan Sacks foi alguém que soube responder a essa pergunta em nosso tempo.

Os judeus não pretendem converter ninguém ao judaísmo. Ao contrário. Embora as conversões sejam aceitas desde os primórdios aos que desejem se unir à tradição, não há mandamento judaico que inclua a missão de converter cristãos, muçulmanos, budistas, ateus ou quem quer que seja. Mas isso não significa indiferença ao outro, muito menos alguma forma de discriminação. Como ensinou o rabino Sacks, trata-se apenas de reconhecer a profunda *dignidade da diferença* (título de um de seus livros mais aclamados). Ao reconhecer e respeitar o outro como diferente, abrimos espaço para que o outro também nos reconheça e respeite como diferentes.

"A missão do judeu não é tornar o mundo mais judaico, mas apenas mais humano." Essa frase, do rabino Henry Sobel (cidadão norte-americano que atuou em defesa dos direitos humanos durante a ditadura militar brasileira), capta a essência do judaísmo: uma forma de sabedoria paradoxal. Não ser proselitista é não sucumbir à arrogância do convencimento: ninguém convence ninguém, pois convencer-se é um ato personalíssimo. De outro lado, tornar o mundo mais humano é uma missão judaica: *tikkun olam*, expressão em hebraico que se refere às variadas formas de *reparar o mundo*. Então, paradoxalmente, mesmo sem tornar o mundo mais judaico, no sentido literal, ao contribuir com ações para torná-lo mais humano, os judeus cumprem o que entendem como sua missão.

A expressão latina *urbi et orbi*, usada no título deste capítulo, significa "à cidade e ao mundo". Ela é utilizada em bênçãos de

Natal e Páscoa, com as quais o papa se dirige aos fiéis da Basílica de São Pedro, procurando alcançar não apenas os presentes na cidade de Roma, mas também os que o acompanham no mundo inteiro. O papa é o rabino do mundo. Aliás, segundo o Novo Testamento, os discípulos se dirigem a Jesus com o tratamento de rabino.

Chamar Jonathan Sacks de rabino do mundo é uma ousadia. Primeiro, porque o judaísmo não tem o sentido universalista das outras religiões monoteístas, nem a sua pretensão missionária. Segundo, porque o judaísmo, como já dito, não está sujeito a uma autoridade central, nem que se arrogue alguma condição infalível. Terceiro, porque Sacks era vinculado a uma linha ortodoxa, considerada de comunicação menos provável com o público leigo.

Nada disso, no entanto, impediu que o rabino Jonathan Sacks se tornasse uma voz do judaísmo de seu tempo. Sua oratória e carisma pessoal seriam boas hipóteses para explicar o seu sucesso. As formações filosófica e teológica, combinadas, também parecem ter feito diferença. Os seus livros, ensaios e prédicas foram aclamados pelo público e pela crítica. O talento para divulgar o judaísmo entre reis e políticos lhe deu espaço e rendeu prestígio.

Tudo isso faz sentido. Mas talvez a chave para entender o interesse na obra e na trajetória de Sacks ao redor do mundo resida em algo diverso, situado na demanda da humanidade por sentido e propósito. Vivemos a era em que tudo se tornou materialmente possível, mas nada é espiritualmente satisfatório. O encontro de uma narrativa autêntica que redima a vida, apesar do sofrimento, da injustiça e da morte, ainda é algo central ao espírito humano.

A voz de Jonathan Sacks serviu para a humanidade se recordar das antigas tradições judaicas e de sua força. Sacks nos fala sobre a retomada da ética coletiva como uma experiência que ressignifica a vida de cada um de nós, sem a perda da noção de que somos todos iguais em valor, mas singularmente diferentes em preferências, crenças e costumes. Aos judeus cabe carregar o seu patrimônio moral, cultural e espiritual, compartilhando-o de maneira generosa com todas as pessoas que nele possam encontrar conforto, sabedoria e encantamento. Das masmorras da Inquisição, dos *pogroms* do Leste europeu, dos campos de concentração e extermínio da Segunda Guerra, é uma alegria que os judeus tenham sobrevivido para dar o seu testemunho.

Ao longo deste livro, faço uma pequena viagem pelas ideias e pela vida de Jonathan Sacks, o filho do vendedor de tecidos, o filósofo que virou lorde, o rabino que saiu do gueto para se tornar o rabino do mundo.

2.
Em busca de sentido: onde a paixão encontra o dever

> *"Aqueles que têm um porquê conseguem suportar quase qualquer como."*
> FRIEDRICH NIETZSCHE

VIKTOR FRANKL foi um psiquiatra austríaco que fez de sua experiência pessoal em campos de concentração a demonstração da hipótese sobre a qual construiu a logoterapia: o sentido da vida é a busca constante pelo seu sentido. Abdicar dessa motivação e entregar-se ao hedonismo ou ao niilismo é, de certa forma, entregar-se ao vazio existencial. A busca do prazer como finalidade última da vida (pregada pelos hedonistas) e a ausência de qualquer sentido último (constatada pelos niilistas), embora pareçam ser as filosofias dominantes do nosso tempo, deixam de lado uma necessidade humana vital: viver segundo um ideal digno de ser vivido, que faça a vida valer a pena.

Em 1941, Frankl escreveu um livro revolucionário sobre a relação entre as doenças da alma e a percepção da falta de sentido na existência. Pouco tempo depois, ele, sua mulher e seus pais foram enviados a um campo de concentração. Frankl carregava no bolso do paletó o original do livro, que acabou sendo confiscado e destruído. Com a morte dos seus três amores no campo, Viktor Frankl fez da pesquisa a razão para sua sobrevivência. Tratava os prisioneiros com os recursos motivacionais que apresentava a si mesmo. Para não esquecer, recitava todos os dias trechos inteiros de seu livro.

Ele constatou que a sobrevivência em condições extremas, como aquelas a que submetidos os prisioneiros em campos de concentração, eram enfrentadas com altivez por aqueles movidos por ideais superiores, como a responsabilidade de cuidar de filhos pequenos ou de pais idosos. A curiosidade por conhecer mais um dia e o desejo de fazer algo significativo para as pessoas os habilitavam a sobreviver ao horror, ao cansaço e ao desânimo. Quando vinha a notícia de que todos os parentes estavam mortos, era comum ver a pessoa afundar-se no desalento e, finalmente, morrer.

Depois de ser libertado, reescreveu o livro *O homem em busca de um sentido* (*Man's Search for Meaning*), logo publicado, em 1946, e que se tornaria um best-seller mundial. Contribuir para aliviar o sofrimento humano deu a Frankl uma ferramenta para lidar com o próprio sofrimento. "Não é preciso sofrer para aprender. Mas se você não consegue aprender algo significativo com o sofrimento, então sua vida não terá sentido nenhum." – diz Frankl. Mesmo tendo presenciado o pior da natureza humana, aprendeu com o sofrimento e soube retirar da experiência o sentido para sua vida. Salvar-se envolve uma compreensão redentora das vicissitudes que a vida apresenta.

O judaísmo é, essencialmente, um exercício de atribuição de sentido à vida e ao mundo, conferindo-lhes a dignidade de um propósito. Jonathan Sacks foi um pregador dessas ideias antigas, tornando-as acessíveis às gerações atuais. Suas prédicas eram permeadas de erudição, mas também continham quase sempre o calor de experiências humanas, muitas vezes pessoais, nas quais ele próprio se expunha. Mas ocupar um *lugar de fala* – isto é, defender um ponto de vista a partir da experiência pessoal – não deve ser confundido com arrogância ou monopólio da verdade. Ao contrário, trata-se apenas de agregar ao valor da pregação teórica uma vivência pessoal sincera.

Sacks contou algumas vezes como decidiu se tornar rabino. Não teve um sonho revelador e acordou convencido de sua vocação. Tampouco ouviu algum chamado ao queimar de uma sarça ardente, como Moisés no Antigo Testamento. Ele teve muitas dúvidas ao longo do caminho. Cogitou ser economista, contador e filósofo. Já estava em Cambridge quando surgiu a oportunidade de fazer uma viagem aos Estados Unidos, na qual percorreu milhares de quilômetros de ônibus. Foi atrás de conversas inspiradoras com os grandes rabinos norte-americanos daquele tempo. O encontro transformador que Sacks relata com o rabino Menachem Mendel Schneerson – o Lubavitcher Rebbe –, em 1968, talvez sirva como exemplo da busca sincera do ser humano por sentido. "O que você faz em Cambridge, filho?" Ao ouvir a resposta, "Estudo filosofia", o Rebbe retrucou: "Não perguntei o que você está estudando, mas o que está fazendo lá! Retorne à sua comunidade e a lidere!" Sacks entendeu imediatamente o que aquilo significava. Como disse Viktor Frankl, "quando nos perguntamos sobre o sentido da nossa vida, a vida nos responde com a responsabilidade que devemos assumir perante ela".

Então, Jonathan Sacks retornou ao Reino Unido, seguiu seus estudos de Filosofia, mas, paralelamente, ingressou na London School of Jewish Studies (à época chamada apenas Jew's College) e acabou optando pela carreira rabínica. "O sentido está onde a paixão encontra o dever, onde o que se deseja fazer encontra o que sabemos que devemos fazer", diz Sacks. A vida certamente tem diversas dimensões e os sentimentos humanos as envolvem de maneira entrelaçada. Mas um coração enamorado por um propósito nobre confere sentido à dor e ao sofrimento inevitáveis que a vida nos traz. Viver sem ele é um desperdício.

3.
Por que sou judeu?

"Ser judeu não tem a ver com o que somos, mas com o que somos chamados a ser."

RABINO LORDE JONATHAN SACKS

ABRAÃO, O PRIMEIRO JUDEU, não era, evidentemente, filho de mãe judia. Como ensina o rabino Nilton Bonder, o patrimônio coletivo dos judeus não é uma religião. A contribuição abraâmica é criar um vínculo grupal que expande o ambiente da parentela, fazendo surgir o meta-pai (o patriarca) e a meta-mãe (a matriarca). "Inventa-se uma nova herança – o desejo de bênção. Essa herança é a tradição. Ela não é da ordem dos haveres, mas dos viveres; a possibilidade de contemplar o mundo dos ombros dos que existiram antes de nós.", diz Bonder.

A tradição é um vínculo horizontal com os nossos contemporâneos e vertical com os que nos antecederam e os que virão depois. "Daí a família de Abraão ser tão profusa como as estrelas do céu. A utopia de Abraão expande exponencialmente o vínculo parental, possibilitando vínculos que incluíssem a todos – todos os de tradição. Ser de tradição não é genético. *Klal Israel*, o senso coletivo, ultrapassou a barreira física do sangue e o fez sangue de alma", afirma Bonder, na sua *Carta aos judeus*.

Jonathan Sacks explica como se deu a evolução identitária do povo judeu. Até a destruição do Segundo Grande Templo de Jerusalém, ordenada pelo Imperador Tito, a tradição judaica era patrilinear, isto é, identificava os descendentes do povo pela linhagem paterna. Vale lembrar que, muito tempo antes, Moisés (tal como já o fizera José, antes dele) se casou totalmente fora dos padrões da tradição, mas assumiu a responsabilidade pelo resgate de sua *judeidade*, tanto perante o povo israelita, como na construção de um legado. Mas a destruição do Templo e a expulsão dos judeus de Jerusalém, dando início à Diáspora, veio acompanhada de uma ordem terrível: os soldados romanos deveriam assassinar os homens judeus e estuprar as mulheres judias, de modo a garantir que a sua descendência não fosse judaica. Uma espécie de *solução final* romana.

Foi então que os sábios judeus daquele tempo se reuniram e decidiram mudar a lei. Para assegurar a continuidade da tradição era preciso transpor a fronteira do sangue paterno. Como se deu com o próprio Abraão, cujo pai era um vendedor de estátuas de deuses pagãos, não mais importaria a que credo pertenciam os pais dos filhos de Israel. O pertencimento à tradição passaria a ser definido pelo ventre materno. As mães solteiras vítimas do estupro assumiriam a responsabilidade pela continuidade da aliança – uma aliança comunal multissecular fundada em valores, mais do que na genética.

Quem visita hoje em dia o Estado de Israel tem a clara noção do gradiente étnico que constitui o povo judeu, cuja diversidade desconstrói os antigos estereótipos. A presença na formação do povo israelense de judeus *asquenazes* (originários do Leste europeu), *sefaraditas* (originários da Península Ibérica e do Norte da África) e negros (originários da Etiópia) faz do país um verdadeiro *melting pot* de diferentes influências culturais, filosóficas e gastronômicas, unificadas por um eixo central representado pela sua ancestralidade comum. Israel é um lugar paradoxal, onde todos são radicalmente diferentes, mas profundamente iguais.

Numa série educativa intitulada *"Why Am I a Jew"* [Por que sou judeu?], Sacks afirma:

> Sou judeu não porque acredito que o judaísmo contém toda a história humana. Eu admiro outras tradições e suas contribuições ao mundo. Também não creio que sejamos melhores do que ninguém – mais inteligentes, criativos, generosos ou de mais sucesso. Não são os judeus que são diferentes, mas o judaísmo; ser judeu não tem a ver com o que somos por natureza, mas com o que somos chamados a ser. Sendo um filho do meu povo, ouvi um chamado para acrescentar meu capítulo na sua história inconclusa e para ser um elo nessa corrente de gerações. Somos os guardiães e depositários da confiança de nossos ancestrais, que nos legaram o sonho de um mundo guiado por uma força moral que acredita que a vida humana é sagrada e o indivíduo nunca poderá ser sacrificado pelas massas. E que todos são iguais perante Deus.

Abrão recebeu a ordem para deixar a terra e a casa de seus pais e fundar uma nova nação. Deus prometeu abençoá-lo e torná-lo uma bênção para todos os povos do mundo. Foi então que ele alterou seu nome para Abraão e se tornou o primeiro judeu. Ser judeu não tem a ver com o que somos, mas com o que somos chamados a ser. Não tem a ver com o fim, mas com o início da jornada.

**4.
Isso, na
verdade,
não é nada.
Isso é tudo**

> *"Meu fado é de não entender quase tudo.*
> *Sobre o nada eu tenho profundidades."*
> MANOEL DE BARROS

O JUDAÍSMO É MARCADO por eventos históricos profundamente transformadores, celebrados todo ano, como uma referência pedagógica do seu significado para os membros da comunidade. Assim, a Páscoa (Pessach) lembra o tempo da escravidão no Egito e o êxodo do povo de lá, liderado por Moisés, rumo à Terra Prometida. A festa de Shavuot, celebrada cinquenta dias depois, comemora a entrega da Torá (Pentateuco ou Antigo Testamento) ao povo judeu no Monte Sinai. A terceira grande festa é Sukkot (literalmente, cabanas), que relembra os quarenta anos em que o povo vagou pelo deserto até a chegada a Israel. Segundo a tradição, constroem-se cabanas que lembram a fragilidade da condição humana naquelas circunstâncias, sendo as refeições feitas ali, próximas à natureza. Essa também é uma forma de recordar o *maná*, alimento que a providência divina teria enviado dos céus para sustento do povo durante a travessia.

Sukkot é uma festividade bastante curiosa. Sua celebração no calendário judaico vem logo depois de Rosh Hashaná (ano-novo) e do Yom Kipur (Dia do Perdão), um período muito intenso e demandante. A primeira curiosidade é que Sukkot é considerada "a festa" por excelência, definida por um mandamento de alegria coletiva. Não à toa, ela é chamada, em hebraico, "o tempo da celebração" (Z'man Simchateinu). A segunda curiosidade tem a ver com o que se celebra exatamente em Sukkot. Embora várias respostas mais elaboradas sejam possíveis, do ponto de vista histórico, a resposta mais direta e objetiva é nada. Isso mesmo: nada. Lembrar de cada passo da caminhada, do longo e enfadonho cotidiano da vida na jornada, é apenas isso que se celebra. Ou seja, como dito pelo rabino Neil Zuckerman, Sukkot é uma "festa sobre o nada". Mesmo assim, ela é considerada "a festa", "a celebração", o tempo do regozijo, da restauração da alegria. A questão é por quê. Por que só Sukkot carrega esse adjetivo tão especial?

Desde quando os rabinos transformaram as festas judaicas de registros mais ligados ao calendário agrícola para celebrações de momentos históricos do povo israelita, Pessach e Shavuot comemoram momentos épicos, definidores da identidade e do futuro dos judeus. E então surge Sukkot, a festa da alegria. Nela o mar não se abre, indicando o caminho até a liberdade, como na saída do cativeiro do Egito; nem o trovão ruge entre as montanhas, como quando Deus fala aos israelitas ao dar-lhes a Torá. A alegria é algo mais mundano, encontrado nas passadas simples que damos ao longo do caminho. Os momentos de êxtase elevam a nossa dopamina ao pico e capturam facilmente o nosso interesse. Mas o verdadeiro contentamento, a genuína alegria radica no exercício cotidiano das coisas simples, nas bênçãos percebidas a cada alvorecer com saúde, a cada dia que termina sem percalços.

A terceira curiosidade que envolve Sukkot tem a ver com o Eclesiastes (Kohelet), a leitura que se faz durante essa festa. É curioso que na festa da alegria a tradição judaica indique a leitura do texto bíblico mais diretamente focado no sentido da vida. Não é um texto alegre, por assim dizer. Seu possível autor, o rei Salomão, trata da vaidade como característica essencial dos homens, da temporariedade da vida e de todas as coisas, e de nossa incapacidade de compreender plenamente o mundo. Onde há alegria num texto tão pesado?

O rabino Jonathan Sacks explica que se deparar com a precariedade da nossa condição humana e, ainda assim, ou por isso mesmo, perceber-se alegre é o sentido de Sukkot. Somos pó e ao pó voltaremos, portanto, só os tolos se inebriam com as ilusões do poder e das riquezas. Mas a verdadeira alegria é um sentimento legítimo de quem desfruta do seu quinhão na vida:

> doce é o sono do trabalhador, quer coma pouco
> quer muito (...) Vai, pois, come com alegria o
> teu pão e bebe com o coração contente o teu vinho (...)
> Goza a vida com a mulher que amas, porque esta
> é a tua porção nesta vida.

Como diz Sacks, essa é uma mensagem tão judaica, mas tão universal ao mesmo tempo, que acentua o caráter duplo de Sukkot: a singularidade dos judeus como um povo, e a sua participação no caráter universal da humanidade.

O que o Eclesiastes nos diz é que a alegria não é para ser encontrada em acontecimentos espetaculares, em realizações extraordinárias, que podem até ocorrer, mas são pontos fora da curva da vida cotidiana. Casamentos, aniversários, formaturas, nascimentos e conquistas de Copas do Mundo são ocasiões especiais e merecem nossos sorrisos e nossas lágrimas. Mas é na rotina diária da escola ou do trabalho, naqueles jantares rápidos em família nos quais nada em especial acontece, que nossa vida está realmente acontecendo. Contemplar com encantamento esses momentos nos levará a reconhecer que isso, na verdade, não é nada. Isso é tudo.

5. Bendito o erro: perdão na era do imperdoável

"O sucesso é o percurso entre dois fracassos sem perder o entusiasmo."
WINSTON CHURCHILL

ADAM GRANT, no aclamado livro *Pense de novo: o poder de saber o que você não sabe,* mostra que, num mundo freneticamente cambiante, tão importante quanto pensar e aprender, é repensar e desaprender. No entanto, nossa inclinação natural prefere o conforto do alinhamento com os que militam na mesma convicção, à dissidência qualificada que nos refinaria o pensamento. O problema é que repetir velhas verdades enferruja os parafusos do intelecto, fazendo sedentários os que antes se exercitavam nas idas e vindas do ato de pensar. Acabamos nos vendo mais como defensores de convicções infalíveis do que como seres humanos suscetíveis de falhas e enganos. Mais que isso: associamos o erro a uma derrota pessoal, quase um defeito de caráter a ser escamoteado.

Mas aprender algo relevante pressupõe o erro. Não apenas o erro alheio, como os nossos próprios. É conhecida a história contada por Adam Grant: ao final de uma palestra sua, procurou-o Daniel Kahneman, vencedor do prêmio Nobel de economia de 2002, dizendo: "Foi maravilhoso! Eu estava errado!" Perguntado sobre o que queria dizer, Kahneman esclareceu: "As pessoas normalmente não gostam de estar erradas, mas eu gosto. Porque, a partir de agora, estou menos errado do que antes!"

Essa frase costuma ser citada como exemplo da honestidade intelectual de Kahneman. Mas ela carrega algo maior. Só quem reconhece os erros é capaz de enxergar os próprios vieses e ampliar os limites estreitos do ponto de onde observa o mundo. O compromisso com o erro é uma prisão. Reconhecê-lo e desaprendê-lo, uma libertação.

O modo de constituição do conhecimento é pouco propenso à confissão do erro. No mundo em que vivo, por exemplo, o dos advogados, isso é ainda mais sensível. Formados para disputas adversariais, fomos ensinados a achar que estar certo é vencer, e reconhecer o erro é conceder. Outra dificuldade tem a ver com o fato de que o Direito não é uma ciência exata, de modo que as hipóteses cogitadas pelos juristas não são refutáveis pelo confronto com a realidade. Por fim, as teses estabelecidas envolvem um aspecto de poder geracional, defendido ardorosamente por todos os que desfrutam de suas certezas. Aos poucos, vamos nos tornando reféns de uma "verdade" dada como absoluta, subtraída a qualquer teste de validade e estreme de qualquer dúvida. Passamos a preferir o dogma ao risco do erro.

Vivemos um tempo em que a vida acontece – ou parece acontecer – sobretudo nas redes sociais. Nelas, além da perfeita adequação aos padrões estéticos atuais, encontramos um mundo de total aversão ao erro. O mundo digital é rígido também nos seus padrões morais. Qualquer mínimo deslize pode custar a carreira ou a reputação de quem o tenha cometido. O cancelamento é o novo desterro, uma condenação coletiva, sem que exista processo, defesa ou juiz. Não é à toa que o rabino Jonathan Sacks chamou o nosso tempo de a "era do imperdoável". A internet tem uma aversão absoluta ao erro. E, no entanto, seres humanos cometem erros. Essa é, no mundo real, a matéria-prima da qual todos somos feitos.

Numa de suas prédicas, justamente na celebração de Yom Kippur (o Dia do Perdão), Sacks se pergunta: o que seria de um mundo sem o perdão? Num mundo assim, apenas os cruéis e destituídos de caráter sobreviveriam. A história do judaísmo é a história de um povo imperfeito, marcada por pecados gravíssimos, mas também pelo perdão. Sacks dá dois exemplos eloquentes. O primeiro é o de Yehuda, quarto filho de Jacob, que cometeu o terrível pecado de vender o irmão José como escravo para os egípcios. José passa 13 anos escravizado no Egito até que, por seus méritos pessoais, é nomeado vice-rei pelo Faraó. Conta o Gênesis que, numa viagem inesperada dos irmãos ao Egito, José os reconhece e decide vingar-se. Ele manda que soldados coloquem objetos seus na bagagem dos irmãos para simular um furto. Ao final da visita, ao serem revistados, os irmãos hebreus são presos. José não é reconhecido por eles. Sua sentença é que o mais novo deles, Benjamin, permaneça no Egito como escravo, para que os demais fossem liberados. É nesse momento que Yehuda se oferece para ficar no lugar de Benjamin e liberar os irmãos. José então se revela aos irmãos e os perdoa, sensibilizado pelo gesto grandioso de Yehuda.

Segundo Sacks, esse é um caso paradigmático de alguém que se arrepende honestamente e recebe o perdão. Yehuda se tornaria líder do Reino de Judá, do qual se originam todos os *yehudim*, ou seja, todos os judeus. Tamanha é a sua importância para o judaísmo que o povo não carrega o nome de alguém perfeito, que nunca pecou, mas de um ser humano falível, cuja virtude principal foi o arrependimento sincero, apto a alcançar o perdão.

O outro exemplo dado por Sacks envolve o rei David. Ele comete adultério e, para encobertá-lo, envia o marido de sua amante para o campo de batalha. Um crime terrível, um pecado que para muitos seria imperdoável. No entanto, David se torna o maior de todos os reis de Israel e um dos grandes poetas da literatura religiosa universal. Por quê? Porque David se arrependeu sinceramente, foi perdoado e fez o caminho de volta para a sua integridade.

É a isso que o judaísmo chama de *teshuvá*, que, literalmente, significa retorno. David não apenas reconheceu que errou. Ele disse: "Errei e meu erro se apresenta diante de mim a todo tempo." O arrependimento envolve reconhecer o erro com desassombro, sentir-se apto para se perdoar e então retornar ao caminho.

Segundo Sacks, o arrependimento e o perdão tornam as pessoas que cometeram erros mais fortes do que aquelas que nunca pecaram. Ou seja, o erro é a experiência fundamental para a constituição do caráter humano. Como disse Santo

Agostinho: *"fallor ergo sum"* (erro, logo sou). Sabemos que existimos pelas pegadas que deixamos na areia, ao contemplar os descaminhos que deixamos para trás.

O Novo Testamento retrata o homem perfeito. A Torá (Antigo Testamento ou Pentateuco), a seu turno, retrata homens imperfeitos. Aliás, um conhecido Midrash, ao interpretar o livro do *Gênesis*, afirma que, na criação do mundo, Deus teria cometido um erro: criara um mundo perfeito. Então, Deus reconheceu que estava errado e o recriou, agora imperfeito e humano. Essa talvez seja uma forma compassiva de contemplar o mundo: a exigência da perfeição não é divina, mas uma neurose humana. Se saber é poder, reconhecer os erros e aprender com eles é a forma mais elevada de sabedoria.

6.
Líderes formam líderes, não discípulos

> *"Se você quer construir um navio, não reúna pessoas para juntar madeira; ensine-as a querer navegar pela imensidão infinita dos mares."*
> ANTOINE DE SAINT-EXUPERY

SER PROFESSOR é dominar a arte de tornar-se desnecessário. Verdadeiros líderes formam líderes, não discípulos, afirma Sacks. Quem ensina se realiza ao ver no aluno um interlocutor qualificado e crítico, e não o espelho de si mesmo. "Torna-te aluno de teus filhos e netos", esse é o maior objetivo possível da educação de nossos descendentes. Aprender com eles, mais que ensinar. Torná-los capazes de um dia serem nossos mestres.

Mas como fazer isso? Jonathan Sacks aponta um momento de transformação em particular, não apenas como a grande transformação pessoal de Moisés, mas da nossa própria concepção de liderança. Lá pelo final do "Livro de Números", a carreira de Moisés como líder está praticamente encerrada. Ele já havia indicado seu sucessor, Joshua, que lideraria o povo judeu através do rio Jordão até a Terra Prometida. Moisés parecia já ter alcançado tudo o que estava destinado a alcançar. Para ele, não haveria mais batalhas a vencer, milagres a realizar, nem mais orações a pronunciar em nome do povo.

Só que não. No seu último mês de vida, ele reúne o povo e entrega uma série de sermões que conhecemos como "Deuteronômio" ou "Devarim", literalmente, "palavras". Neles, Moisés revê o passado e profetiza o futuro dos judeus. Ensina ao povo as leis que guiariam o seu percurso como Nação. Segundo Sacks, Moisés deixa de lado seu papel de libertador, operador de milagres e redentor para se tornar Moshe Rabbenu, "Moisés, nosso professor". Ele ensina ao povo judeu, em suma, a enxergar-se como um *am kadosh*, um povo abençoado, cujo único soberano e legislador é o próprio Deus.

Simon Sinek, na sua conhecida palestra TED e no livro homônimo intitulado *Comece pelo porquê [Start with Why]*, afirma que os líderes transformadores iniciam sua conversa pelos porquês. Moisés sabia que seu tempo de vida estava chegando ao fim e que o povo de Israel enfrentaria outras provações. Então ele procura plantar visão em suas mentes, esperança em seus corações, disciplina em seus feitos e fortaleza em suas almas. Valores que nunca pereceriam. "Quando líderes se tornam educadores, eles mudam vidas", diz Sacks.

Mas existe uma grande diferença entre dar ao povo o que ele quer, e ensinar ao povo o que querer, no sentido de um projeto coletivo. No primeiro caso, surgem os líderes populistas, que plantam uma mentira doce no presente, para que o povo colha uma verdade amarga no futuro. No segundo caso, avultam os verdadeiros líderes-educadores, que ensinam o povo a entender as coisas como elas são, mas com o compromisso de dar os passos necessários rumo a um destino redentor.

Líderes verdadeiros, como os professores, usam mais influência do que poder, mais autoridade moral e espiritual do que força coercitiva, tornando-se construtores do amanhã. Isso pode ser visto no "Deuteronômio", quando Moisés, no seu último mês de vida, convocou a geração seguinte, ensinando lições que sobreviveriam à sua morte e inspirariam os líderes do futuro.

7. Meu antissemita favorito

> "Alguns antissemitas odeiam o judaísmo porque os judeus rejeitaram o cristianismo. Mas Nietzsche os odiava por terem criado o cristianismo. Nietzsche é meu antissemita favorito."
>
> RABINO LORDE JONATHAN SACKS

JÁ OUVI DIVERSAS VEZES que o judaísmo é dialético. A prova disso seria seu especial apreço pelo embate de ideias e a construção de sua tradição teológica em sucessivos comentários que se contradizem ao longo dos séculos. Mas não creio que dialético seja o termo correto. As teses e antíteses até podem estar presentes, mas não há no judaísmo o compromisso com a síntese, na forma hegeliana. Na minha percepção, pelo menos, o judaísmo é simplesmente paradoxal.

Veja-se, por exemplo, esta frase de Nietzsche: "torna-te quem és." Como alguém pode vir a se tornar alguém que já é? E, no entanto, por paradoxal que pareça, qualquer pessoa é capaz de entender que passamos por um processo de construção e descoberta – ou vice-versa – para alcançarmos o potencial pleno de nossa personalidade. A semente já era, mas ainda não é a árvore que um dia vai se tornar. Este é o jeito judaico de resolver problemas: gerando um problema ainda maior para quem o criou. Assim também respondemos às perguntas difíceis: com perguntas ainda mais difíceis. Afinal, como dizia Guimarães Rosa, estudando se aprende: mas o que se aprende, de fato, é a fazer perguntas ainda maiores.

Sacks responde a Nietzsche na epígrafe deste capítulo com um paradoxo: por que você odeia tanto os judeus? Será porque eles rejeitaram o cristianismo ou porque, na verdade, o criaram? O antissemitismo é uma doença social milenar que, vez por outra, reaparece com a força de uma nova pandemia. Curioso notar que Voltaire, expoente do Iluminismo francês, cultuava o desapreço aos judeus pela mesma razão paradoxal citada por Sacks no caso de Nietzsche.

O paradoxo não é uma síntese de ideias contrapostas, pela simples razão de que sua mera existência torna a tese absurda, exigindo sua compreensão em outros termos. O paradoxo implode uma linha argumentativa, impondo a abertura de novas formas de pensar o problema.

Ninguém como Jonathan Sacks, em seu tempo, levantou a voz com tanta veemência contra a bestialidade do antissemitismo, evidenciando o paradoxo insuperável da sua existência. Durante toda a sua vida, mas sobretudo a partir de sua admissão na Câmara dos Lordes, Sacks foi um crítico corajoso das suas diferentes formas, inclusive do antissionismo. Como sempre se dá com todo tipo de preconceito, o antissemitismo é nutrido por mitos e teorias conspiratórias, hoje em dia espalhadas em redes sociais na forma de desinformação fraudulenta e intencional.

O judaísmo não é uma raça, nem tem características proselitistas ou pretensões missionárias. As questões enfrentadas pelo Estado de Israel são certamente complexas, mas envolvem problemas de segurança, fronteiras e relações com vizinhos, como as de qualquer outro Estado nacional. O discurso de ódio a Israel (mais ainda, o discurso pela sua extinção) é apenas um pretexto para a manifestação de velhos ressentimentos em relação aos judeus como um todo. Entendê-los exige a compreensão das contradições mais profundas da alma humana. Amor e ódio, atração e repulsa, desejo e medo costumam ser sentimentos contíguos, como faces da mesma moeda. Coube a ninguém menos do que Sigmund Freud, pai da psicanálise, dizer que a inveja é a forma mais sincera de admiração.

O antissemitismo tem raízes numa construção simbólica cruel: à acusação da traição a Jesus, cometida por Judas Iscariotes, segue-se a metáfora de Pôncio Pilatos lavando as mãos, como que a transferir a responsabilidade do julgamento do líder rebelde judeu a seu próprio povo. Um povo sob domínio romano, em sua grande maioria simpático às ideias libertárias de Jesus, ainda que a sua liderança religiosa pudesse estar cooptada pelos dominadores.

A crucificação, como se sabe, era uma pena romana, aplicada a milhares de judeus considerados subversivos durante a ocupação. E os primeiros cristãos, também perseguidos pelos romanos, eram predominantemente judeus, com sua fé, liturgia e cultura. Jesus, aliás, disse que não viera ao mundo para revogar a Lei, mas para fazê-la ser cumprida, o que poderia ser lido – como o foi, por muitos – como um indicativo de continuidade. A ideia messiânica é da essência do judaísmo e seria natural que Jesus fosse enquadrado nessa categoria (*Cristus*, em grego, significa, exatamente, o *Messias*).

Dissidências teológicas e mesmo o surgimento de uma nova religião, como se deu com o cristianismo, seriam fenômenos naturais e até esperados. Esse era o contexto quando a natureza divina de Jesus acaba por prevalecer como uma verdade teológica. Mas, se os judeus representavam o antigo, por que não aceitar os que permaneciam fiéis a seu credo? Por que persegui-los, demonizá-los e forçá-los à conversão?

Na história do cristianismo, os judeus acabam sendo injustamente assimilados à figura de Judas, como traidores e *deicidas*. A malhação de Judas, como uma manifestação religiosa popular, traz em si um sentimento de repulsa coletiva dirigido não apenas a um, mas a todos os judeus – de ontem, de hoje e talvez de sempre. Esse culto ao ódio espalhou violência e incompreensão pelo mundo. Todo judeu sabe que, mesmo de onde menos se espera, pode surgir um comentário desairoso, ainda que frívolo, que remete a supostas características comunitárias desabonadoras. O preconceito costuma ser filho da ignorância e pai da injustiça.

No âmbito da Igreja Católica, só com o papa João XXIII (Angelo Roncalli) os judeus foram considerados isentos de qualquer espécie de culpa coletiva pela condenação de Jesus, e as alusões depreciativas que até então constavam das orações católicas foram abolidas. Como relata o rabino argentino Abraham Skorka, amigo do papa Francisco, em artigo publicado no jornal oficial do Vaticano (o *L'Osservatore Romano*), foi só depois de um encontro com o intelectual judeu francês

Jules Isaac, em 1960, que o papa João XXIII resolveu encaminhar as questões judaico-cristãs no Concílio Vaticano II. Nesse encontro, Roncalli lembrou que, durante a Segunda Guerra Mundial, quando atuava como embaixador na Turquia, emitiu inúmeros certificados falsos de batismo para salvar crianças judias e ajudou refugiados a obterem vistos.

Coube ao papa João Paulo II (Carol Wojtyla), pela primeira vez na história do catolicismo, entrar numa sinagoga, em Roma, ocasião na qual afirmou "que os judeus são os irmãos mais velhos dos cristãos". Tal fato só se deu no ano de 1986. Depois dele, Bento XVI e Francisco repetiram a visita. O então rabino da sinagoga de Roma, Elio Toaff, afirmou que se tratava de um gesto destinado a entrar para a história, vinculando-o ao ensinamento iluminado de seu predecessor, papa João XXIII, "o primeiro papa que numa manhã de sábado parou para abençoar os judeus de Roma que saíam deste Templo depois da oração". Na minha experiência pessoal, lembro-me de uma palestra do antigo reitor da Pontifícia Universidade Católica do Rio de Janeiro, padre Jesus Hortal, na qual o sacerdote afirmou: "Todos nós, cristãos, somos espiritualmente judeus."

Num discurso histórico proferido na Câmara dos Lordes, Jonathan Sacks disse:

> o maior perigo que uma civilização corre se dá quando ela sofre de amnésia coletiva. Nós esquecemos como pequenos começos levaram a finais verdadeiramente terríveis. Mil anos de história judaica na Europa acrescentaram algumas palavras ao vocabulário da humanidade: conversão forçada, inquisição,

expulsão, gueto, pogrom, Holocausto. Aconteceu porque o ódio se espalhou sem controle. Ninguém disse: pare! Lamento ter de falar sobre um dos ódios mais antigos da história, mas não posso ficar em silêncio. Uma das características que marcam o antissemitismo é que os antissemitas não se enxergam como tais. "Nós não odiamos os judeus, apenas a sua religião", disseram na Idade Média. "Nós não odiamos os judeus, apenas a sua raça", disseram no século XIX. "Nós não odiamos os judeus", dizem agora, "apenas o seu Estado nacional." O antissemitismo é o ódio mais difícil de ser combatido, porque, como o vírus, ele sofre mutações. Mas uma coisa permanece imutável: os judeus são considerados bodes expiatórios por problemas pelos quais todos são responsáveis. Esse é o caminho para a tragédia. O antissemitismo se torna perigoso quando três coisas acontecem: primeiro, quando ele sai da sarjeta da política e ganha espaço central em partidos políticos e suas lideranças; segundo, quando o partido percebe que não sofre qualquer desgaste político por se assumir abertamente antissemita (ou antes até, ganha adeptos); terceiro, quando aqueles que protestam são vilanizados e sofrem abusos apenas por se defenderem. Esses três fatores existem na Grã-Bretanha hoje. Eu nunca imaginei que veria isso durante a minha vida. Por isso não posso ficar em silêncio. Porque não são apenas os judeus que estão em risco. Porque o que está em risco é a nossa humanidade.

Esse discurso foi proferido em 2018. O avanço inquietante de partidos e lideranças extremistas (em ambos os lados do espectro político), conquistando não apenas votos, mas mentes e corações, deve preocupar a todos nós, que não nos esquecemos do passado. A civilização avançou, a tecnologia nos alçou a um mundo de amplas possibilidades, mas o ódio atávico contra minorias ainda persiste como a nos lembrar de nossa ligação umbilical com a barbárie.

8. Pregando entre reis e primeiros-ministros

> *"Falarei sobre teus estatutos perante Reis,*
> *e não terei vergonha."*
>
> SALMO 119, REI DAVID

NO DIA 04 DE NOVEMBRO DE 1995, o primeiro-ministro de Israel, Yitzhak Rabin, aos 73 anos, foi morto com dois tiros nas costas por um extremista israelense, depois de participar de uma manifestação pela paz em Tel Aviv que reunira mais de 100 mil pessoas. Líderes políticos do mundo inteiro foram a Israel para prestar homenagens ao líder assassinado. O então primeiro-ministro do Reino Unido, John Major, convidou o rabino Jonathan Sacks para fazer parte da delegação britânica.

Após o funeral, todavia, Major tinha um compromisso na Austrália. O príncipe Charles, atual rei Charles III, ofereceu uma carona de volta a Londres ao rabino Sacks e ao líder do Partido Trabalhista, Tony Blair. Sacks conta que o avião real era bonito, mas lento como um velho Rolls-Royce. Num avião de carreira, a viagem de Tel Aviv a Londres seria feita em quatro horas e meia. Já no avião real, fazendo uma parada para reabastecimento, o voo levou oito horas. Mas há males que vêm para bem.

Sacks acomodou-se em assento isolado, respeitando a liturgia. Deixou Tony Blair sentar-se junto ao líder de outro partido político, pois haveria eleições gerais no Reino Unido e talvez os dois quisessem conversar. Já o príncipe Charles sentou-se sozinho, com o privilégio da realeza. Mas algo surpreendente aconteceu naquele voo. Tony Blair percebeu que Sacks lia um livro que ele não conhecia. Tratava-se da *Mikraot Gedolot* (Grandes Escrituras, em hebraico), normalmente chamada de Bíblia rabínica. Não existe livro parecido na literatura universal. Além do texto da Torá, com marcas de vocalização e entonação para canto, o volume contém trechos em aramaico e inúmeros comentários sucessivos ao Pentateuco. Não apenas comentários ao texto bíblico, mas comentários aos comentários, numa longa e sucessiva cadeia rabínica de interpretações teológicas. Esses comentários se apresentam em letras de diferentes tamanhos e posições, conforme o tempo e a relevância dos autores.

Interessado na leitura do rabino, Blair pediu-lhe que falasse um pouco sobre o assunto. Sacks então leu a *parashá* da semana (trecho da Torá) e fez uma prédica de cerca de uma hora. O príncipe Charles também se interessou e participou da conversa. Ali se forjou uma amizade sincera e profunda do rabino-chefe do Reino Unido com o futuro primeiro-ministro e o futuro rei. Segundo Sacks, foi nesse momento que se lembrou do verso do Salmo 119: "Falarei sobre teus estatutos perante Reis, e não terei vergonha."

Jonathan Sacks foi nomeado Cavaleiro pela rainha Elizabeth II, em 2005, e tomou assento na Câmara dos Lordes em outubro de 2009. Tony Blair definiu Sacks, num discurso em sua homenagem, como um "gigante intelectual". Já o príncipe Charles o chamou de "uma luz sobre a Nação", numa clara referência à expressão devida ao profeta Isaías, que a utilizava para designar os israelitas como mentores espirituais e guias morais.

Numa conhecida entrevista concedida durante uma grave crise na família real, o príncipe Charles teve que se posicionar sobre temas sensíveis para a monarquia britânica. Um deles foi a posição do rei como Chefe Supremo e Guardião da Fé Anglicana. A sua resposta entrou para a história como uma nova visão da monarquia a respeito da postura do Estado britânico em relação à diversidade religiosa existente no país: "Como rei, não pretendo ser o guardião apenas de uma fé, mas da fé em geral, pois os judeus, os católicos romanos, os muçulmanos, os sikhis, também são todos cidadãos britânicos."

9.
Sacks *versus* Dawkins

> *"Percebi que o ateísmo é uma fé."*
> ALISTER MCGRATH

JONATHAN SACKS encontrou-se em 2012 com o mais proeminente militante ateísta britânico, o microbiologista Richard Dawkins. Seu primeiro livro de sucesso foi *O gene egoísta*, uma abordagem original sobre as teses de Darwin. Mas foi com o livro *Deus, um delírio*, um ataque violento contra todas as religiões, que Dawkins se tornou mundialmente conhecido. A conversa se deu na *Royal Society*, em Londres, uma academia científica independente, dedicada a promover a excelência na ciência em prol da humanidade.

A investigação científica, segundo Dawkins, seria incompatível com qualquer credo religioso, sempre associado a dogmas subtraídos à dúvida. A conversa se inicia com Sacks pedindo ao cientista que lesse a carta que ele escrevera a sua filha, então com 10 anos, na qual a aconselhava a nunca aceitar verdades prontas e a sempre questionar em quais evidências se fundavam. O rabino então pergunta: "Como você reage ao fato de que, no judaísmo, o primeiro dever dos pais é ensinar aos filhos a fazer perguntas?" "Admirável!", responde Dawkins. E acrescenta: "Mas eu gostaria que os pais não desencorajassem os filhos a questionar as bases do conhecimento estabelecido apenas pela tradição." Sacks concorda e acrescenta que o papel da tradição é o de trazer o conhecimento do passado ao presente, mas não o de levá-lo ao futuro. A própria construção teológica do judaísmo se deu sob a forma de distintos e sucessivos comentários sobre o mesmo texto da Bíblia hebraica, sem que houvesse uma autoridade máxima para dar a última palavra.

Então Dawkins pergunta a Sacks se ele realmente acreditava que Deus teria dito a Abraão para sacrificar seu filho Isaac e depois mudado de ideia. Ou se o relato bíblico era apenas uma parábola inventada em prol do avanço civilizatório da época. Sacks responde que acredita piamente que aquela história é um protesto contra a prática, disseminada no Mundo Antigo, de sacrifício dos filhos:

> Algo extraordinário aconteceu naquela sociedade para uma mudança de patamar na compreensão de que os filhos não eram propriedade dos pais, mas pessoas cuja vida tinha uma dignidade própria. A história do sacrifício abortado de Isaac foi a forma como Deus encontrou de ensinar isso à humanidade.

Dawkins reconhece que esse foi um passo importante na superação daquela antiga e bárbara prática (sacrifício dos filhos em rituais religiosos), mas ainda assim questionava a veracidade factual da história. Sacks, então, responde que seria difícil provar a veracidade ou a falsidade daquela, como a de outras histórias bíblicas. Mas que talvez fosse mais produtivo mudar a pergunta: no que religiosos e ateus (ou agnósticos) podem acreditar, em comum, que possa beneficiar a humanidade? Uma resposta possível certamente seria a proibição do sacrifício dos filhos.

Sacks pergunta se Dawkins reconhece a pesquisa da Universidade de Harvard que apurou que pessoas religiosas são mais propensas à caridade, ao menos em termos de doações, e que as religiões desenvolvem o senso comunitário, além de promoverem a cooperação entre desconhecidos. No judaísmo, por exemplo, a tradição é de que a *tsedaká* é um dever, não um gesto de liberalidade. Normalmente traduzida como caridade, ela significa, na verdade, justiça. Profetas, como Amós, Ezequiel, Isaías e Jeremias, condenavam a indiferença aos pobres como um pecado mais grave do que não render culto a Deus. Dawkins acaba por reconhecer que as religiões podem até produzir externalidades positivas à humanidade, mas isso não resolve o problema básico que é o de suas afirmações não se basearem em evidências científicas.

Como o próprio Jonathan Sacks nos lembra, vivemos uma era de extremos. O populismo de extrema-direita promete um passado glorioso que nunca existiu. O populismo de extrema-esquerda promete um futuro utópico que nunca existirá. O fundamentalismo religioso nega a ciência e a realidade, dando vazão ao fanatismo. E o fundamentalismo ateísta nega a fé como um direito fundamental das pessoas à busca de sentido, consolo e redenção em suas vidas. Todas elas são formas de histeria coletiva, contrárias às maiores conquistas da civilização: a democracia e o Direito.

A democracia é um projeto moral fundado em duas ideias complementares de liberdade: a autodeterminação individual, base das escolhas que fazemos em nossas vidas privadas; e a autodeterminação coletiva, base das escolhas que fazemos em nossa vida comunitária, como cidadãos. O que faz a democracia funcionar é o Direito. É o Direito que define as fronteiras entre o viver individual e o conviver coletivo, permitindo que sejamos igualmente livres para sermos diferentes.

A liberdade de crença, de culto e de organização das confissões religiosas não é um mero ato de tolerância dos iluminados da ciência aos ignorantes, que creem em algo sobrenatural. A cultura religiosa é um alicerce da civilização humana. A imposição de uma concepção ateísta de sociedade, por meio de um Estado ateu, seria não apenas antidemocrática como contrária ao direito fundamental às diferentes formas de conceber o mundo e o sentido da vida.

10. Onde estava Deus no Holocausto

"O que não sei dizer é mais importante do que o que eu digo."

CLARICE LISPECTOR

MEU AVÔ GERSZ perdeu a fé depois da Shoá (Holocausto). Não que ele não desejasse tê-la. Simplesmente não conseguia mais. Esse foi um traço comum a muitos sobreviventes. Alguns se tornaram ferrenhamente ateus. Outros tiveram sua fé fortalecida. Meu avô não aceitava a injustiça dos milhões de inocentes mortos, sobretudo as crianças, as mulheres e as pessoas com alguma deficiência.

Lembro-me de um livro de Primo Levi chamado *A trégua*, que começa com a liberação das pessoas em Auschwitz. Um hilário ladrão italiano se vira para a multidão de sobreviventes, ao se abrirem os portões do campo, e diz aos berros: "Percebem a injustiça? Vocês são judeus, testemunhas de Jeová, comunistas, homossexuais, deficientes, mas eu, o que sou? Sou apenas um batedor de carteira!" Nada mais cômico e trágico, ao mesmo tempo. Só a genialidade de Primo Levi para capturar aquele momento de completa insanidade coletiva.

A questão do sofrimento e da morte são testes comuns apresentados a quem crê em Deus. O rabino Sacks não se esquivou de responder a essa pergunta ao longo de sua carreira. Por que Deus não evitou a morte de milhões de inocentes? O livre arbítrio é a característica essencial do ser humano, que nos faz coautores da própria criação. Essa força criadora para o bem pode, no entanto, ser utilizada para o mal. Se nós não pudéssemos escolher – isto é, se só tivéssemos como alternativa praticar boas ações –, não seríamos livres, nem responsáveis pelos nossos atos. Autonomia pressupõe o risco de errar. Ou, dito de outra forma, abrir mão da garantia de acertar sempre.

Mas, para quem crê, onde está Deus nessas tragédias humanas ou naturais? Sacks dá uma linda resposta: Deus está ao lado dos que sofrem, oferecendo consolo e suporte. Encontrei outro dia a mesma ideia nas palavras do pastor brasileiro Henrique Vieira, ao dizer que "Deus é a pessoa que padece". Ou seja, algo até mais próximo da personificação divina na tradição cristã: Deus é o enfermo, o condenado, o desvalido. Ou seja, se Deus não pode ser um programa de inteligência artificial que evite os males da natureza e da mente humana, Ele ao menos pode ampliar a nossa capacidade de atribuir sentido à vida, como fonte de consolo e redenção diante do sofrimento. Como disse Viktor Frankl, ninguém deve sofrer na vida. Mas se você não consegue atribuir algum sentido ao sofrimento, então a sua vida não faz sentido algum.

Nada justifica o Holocausto, um crime odioso e imperdoável. De ninguém é a culpa além dos criminosos. Lembrar que os prisioneiros observavam o Shabat quando surgia a primeira estrela no céu às sextas-feiras, e que celebravam casamentos e Bar Mitzvot, mesmo naquelas condições subumanas, me faz pensar que Deus esteve ao seu lado todo o tempo, sem deixá-los perder a humanidade.

11.
Lorde Sacks, o filho do mercador

"A grandeza não consiste em receber honras, mas em merecê-las."

ARISTÓTELES

OS JUDEUS foram expulsos do Reino Unido em 1290, pelo rei Eduardo I. Os que lá quisessem permanecer deveriam se converter ao cristianismo. Até o fim do século XV, os poucos judeus que viviam na Inglaterra eram, na verdade, conversos, na maioria expulsos de Portugal e Espanha. Além da busca da sobrevivência, procuravam manter-se fiéis às tradições praticando a sua fé de maneira oculta.

Durante o reinado de Henrique VIII (1509 a 1547), viveram de forma relativamente tranquila em Londres e Bristol, devido ao prestígio da família Mendes junto à realeza britânica. Os Mendes eram comerciantes judeus de origem portuguesa, detentores de um império comercial, que haviam concedido empréstimos ao soberano.

Outro judeu conhecido na época foi Rodrigo Lopes, que se estabeleceu em Londres, foragido da Inquisição portuguesa. Ele se tornou médico particular da rainha Elizabeth I. Mas, em 1594, vítima de uma conspiração que o acusou de tentar envenenar a rainha, Lopes foi preso, julgado e condenado à morte. Por conta desse evento, vários conversos foram obrigados a deixar a Inglaterra.

Entre 1596 e 1598, William Shakespeare escreveu *O mercador de Veneza*, peça na qual se destaca a figura do comerciante judeu Shylock. O enredo gira em torno de um empréstimo concedido por Shylock a Barsânio, que precisa do dinheiro para cortejar Pórcia, uma bela e rica mulher. O empréstimo tem como fiador Antônio, amigo de Barsânio, que aceita dar em garantia uma libra de carne do próprio corpo, caso a dívida não fosse paga. Embora a peça tenha um monólogo de Shylock que costuma ser apresentado como argumento em defesa do comerciante judeu, o fato é que *O mercador de Veneza* traz consigo um estereotipo bastante negativo do judeu. Ao final, Shylock é apresentado como o usurário (quem concede empréstimos a juros exagerados ou extorsivos) que pretende se utilizar do contrato para vingar-se de um inimigo. No tribunal, o veredito é o de que ele não poderia tirar sangue de um cidadão veneziano – o que seria condição para extrair o pedaço de carne de seu devedor. Ele é condenado à morte, mas a pena pode ser relevada se ele aceitar se converter ao cristianismo e repartir sua fortuna com a cidade de Veneza.

Mesmo os grandes admiradores da obra do velho bardo admitem que a peça tem um viés antissemita. Harold Bloom, autor do monumental *Shakespeare, a invenção do humano*, afirma que "é preciso ser cego, surdo ou mudo para não reconhecer que a grande e equivocada comédia *O mercador de Veneza* é uma obra profundamente antissemita." No Brasil, Moacyr Scliar foi ainda mais contundente: "intenções à parte, o que resta da peça é uma mensagem antissemita repetida à saciedade através dos tempos. O grito de Shylock ainda ecoa como os gritos das vítimas dos campos de concentração."

Entre 1933 e 1939, ensina o jornalista Zevi Ghivelder, houve cinquenta representações da peça na Alemanha nazista, isso sem falar na superprodução realizada em Viena, em 1943, para celebrar o Judenrein, a Áustria livre dos judeus.

É simbólico que a rainha Elizabeth II tenha escolhido o rabino Sacks, filho de um mercador de tecidos judeu, de origem polonesa, para tornar-se cavaleiro e tomar assento na Câmara dos Lordes do Reino Unido, fazendo-o barão Jonathan Henry Sacks. Na cerimônia, cercada pelas pompas da monarquia britânica, o nomeado costuma se ajoelhar diante do soberano para receber a comenda. *Rabbi* Sacks explicou à rainha que os judeus, consoante a tradição, não se ajoelham. A razão dessa tradição é honrar a igualdade entre todos os seres humanos. O protocolo real foi então alterado: Sacks foi posicionado num patamar mais baixo que o da rainha, mas recebeu de pé a sua comenda. Ambas as liturgias foram respeitadas. Na Câmara dos Lordes, desde a posse até o fim de sua vida, foi uma voz firme contra o antissemitismo e em defesa da igualdade entre todos os povos.

12. O rabino entre o papa e o Dalai Lama

> "Como o Senhor se sente sendo influenciador
> de centenas de milhões de pessoas?
> Como mais um deles."
> DALAI LAMA

NUM LIVRO CHAMADO *The Great Partnership – God, Science and the Search for Meaning* [A grande parceria – Deus, ciência e a busca por significado], o rabino Jonathan Sacks responde de maneira alentada às questões suscitadas pelos grandes ateístas de seu tempo, como Richard Dawkins e Christopher Hitchens. A obra é uma defesa da fé, mas também um acolhimento da ciência, em busca de conciliação. "A ciência toma as coisas em separado para ver como elas funcionam; a religião põe as coisas junto para ver o que elas significam", escreve Sacks.

A ciência é sobre *saber*, já a religião, sobre *entender*. Segundo Sacks, a divisão entre uma e outra remete aos gregos e aos judeus do passado. Os gregos construíram a razão e o pensamento abstrato. São narrativas mais lógicas e dedutivas. Já os judeus nos legaram narrativas focadas em elementos pragmáticos, baseadas em tentativas e erros, nas quais a construção envolve intuições e adaptações ao longo do caminho.

Sacks associa isso às descobertas recentes da neurociência, que nos fala sobre o cérebro-esquerdo e o cérebro-direito: "O cérebro-esquerdo é linear, analítico, atomístico e mecânico; o cérebro-direito tende a ser mais integrativo e holístico, aberto à empatia e às emoções." O primeiro é o lugar da razão matemática e científica; o segundo, o campo das humanidades, da literatura, da poesia e da religiosidade. A natureza humana precisa de ambos, como processos existenciais de construção da nossa relação com o mundo e com as pessoas.

Por essa defesa consistente da fé como uma dimensão que não tem como ser amputada da alma humana, Sacks acabou por se tornar uma das grandes lideranças espirituais do seu tempo. Em dezembro de 2011, ele foi convidado pelo papa Bento XVI para uma visita pessoal e para proferir uma palestra no Vaticano. Sacks foi ao encontro no espírito de "amigos respeitosos ou mesmo irmãos", pois judaísmo e cristianismo são ambas religiões fundadas no amor e no perdão. Na conferência, o rabino sustentou que a Europa deve honrar a sua tradição enraizada na ética judaico-cristã, segundo a qual a civilização deve cuidar dos vulneráveis. "Ame o seu vizinho. Ame o estranho. Alimente os famintos. Cure os enfermos. Estenda a mão aos pobres. Não cultive o ódio, nem a vingança. Perdoe. Eu, o Senhor, fiz essas coisas. Vá e faça o mesmo."

Esses não são valores que surgiram com o cristianismo, mas que lhe foram legados pelo judaísmo. O Velho Testamento não foi substituído pelo Novo, mas reinterpretado ao longo do tempo, dando origem a uma nova religião. O que Sacks fez de modo inspirado foi demonstrar que, inobstante as diferenças que nos separam, maiores são as semelhanças que nos unem.

Em 2020, numa conferência intitulada *Pursuing Happiness with the Dalai Lama,* Jonathan Sacks representou a fé judaica ao lado de líderes do cristianismo e do islamismo, em diálogo com o Dalai Lama, sobre o tema da felicidade. A busca da felicidade é, certamente, um direito humano fundamental. No entanto, o rabino inicia a sua intervenção de modo contraintuitivo, afirmando que todos *correm atrás* da felicidade, mas, às vezes, encontrá-la é apenas uma questão de *deixar-se alcançar*.

Contou então que perguntou a um menino de cinco anos da comunidade judaica de Londres em qual momento da semana ele se sentia mais feliz: "No Shabat!", disse ele. "E por quê?", indagou o *Rabbi*. "Porque é o único dia em que meu pai fica em casa conosco!" Às vezes a felicidade não exige ir, mas apenas permanecer. Ensina Sacks que o Shabat é a ocasião em que damos atenção às coisas que são importantes, mas não urgentes. Parar é tão essencial quanto seguir em frente.

A conversa então se direciona para as práticas que acalmam a mente das pessoas em suas respectivas tradições religiosas. O rabino Sacks explica que há formas de meditação no judaísmo, mas que ele destacaria as três orações diárias feitas pelos judeus. Há três valores fundamentais presentes nessas orações.

O primeiro valor é a *gratidão* por estarmos vivos. Ele então conta que, na sua lua de mel na Itália, quase morreu afogado. Mas foi salvo por um homem cujo nome sequer chegou a saber. A oração é uma forma de agradecer a vida que recebemos por graça.

O segundo valor é a *confissão*. É muito importante poder reconhecer o erro e que Deus será capaz de nos perdoar, permitindo que cada um conceda o perdão a si próprio. Nossa cultura torna muito difícil o reconhecimento do erro. Mas essa é a condição de possibilidade do aprendizado.

E o terceiro valor é *estar na presença do sagrado*, de uma força suprema. Sentir-se vulnerável, como fragmento de um todo, que, no entanto, não é indiferente a você. Essa sensação de pertencimento modifica quem ora – não a quem a oração se dirige. Aliás, na tradição judaica, quando oramos, falamos com Deus; mas quando estudamos, Deus fala conosco.

Nas palavras de Sacks, o judaísmo busca mais o sagrado (*holiness*) do que a felicidade (*happiness*), que é um efeito colateral de uma vida santa. Mas o senso de pertencimento a algo maior nos dá confiança para atravessar a jornada da vida sem medo. Como dito no Salmo 23: "Mesmo que eu tenha que andar pelo vale da sombra e da morte, eu nada temerei, porque eu não estarei só."

13.
Paul Johnson, o historiador católico do judaísmo

> *"Os judeus permanecem no centro da tentativa perene de atribuir à vida humana a dignidade de um propósito."*
>
> PAUL JOHNSON

HISTÓRIA DOS JUDEUS, do historiador católico inglês Paul Johnson, é talvez o mais completo estudo sobre a trajetória do povo hebreu, desde os patriarcas – Abrãao, Isaac e Jacob – até os nossos dias. Jonathan Sacks era fã incondicional da obra e acabou se tornando um bom amigo do autor. Há alguns traços no trabalho de Johnson que o diferenciam dos demais.

Primeiro, trata-se de uma pesquisa baseada em fontes primárias. Paul Johnson era um historiador de categoria mundial e escreveu o livro no auge de sua carreira. Percebe-se na obra um cuidado com as fontes, ainda quando os temas sejam controvertidos. O autor é fiel aos fatos e não os substitui por interpretações. Mesmo em assuntos delicados, como a escolha do hebraico em detrimento do ídiche ou as campanhas militares de Israel contemporâneo, a narrativa nunca perde a clareza e o equilíbrio.

Segundo, Paul Johnson é independente. Ou seja, ele era um historiador que já não precisava da legitimação da direita ou da esquerda para ser reconhecido. Isso é raro em tempos atuais. Ele não tem um lado predeterminado pela ideologia. Johnson consegue manter-se elegante e digno, seja quando critica ou quando aplaude alguma passagem da história judaica. Ao final do livro, sobressai a honestidade intelectual de um grande historiador, comprometido apenas com a verdade factual e a sua visão dos fatos, sinceramente apresentada.

Terceiro, e por último, mas não menos importante, *História dos judeus* não abre mão de oferecer ao leitor uma interpretação singular e profunda do significado da presença judaica no mundo. Johnson diz que talvez a humanidade, cedo ou tarde, viesse a se deparar com os *insights* judaicos, mas isso não teria como ser garantido. Certamente, para ele, a sacralidade da vida humana e a construção ética da civilização são contribuições decisivas do povo judeu.

Num jantar, Jonathan Sacks perguntou a Paul Johnson qual era, na sua opinião, o traço mais marcante e diferenciado da história do povo judeu. O grande historiador respondeu que nenhum outro povo conseguiu, ao longo de sua experiência histórica, aliar de forma tão significativa a valorização da dimensão individual do ser humano (a liberdade) com a igual valorização da dimensão coletiva da vida social (a solidariedade). Como sintetizou Hilel, "Se não eu por mim, quem será? Mas se eu for só por mim, quem sou eu?" Jonathan Sacks foi um campeão da defesa de uma compreensão comunitária do *eu*, que não pode ser entendido senão como parte de um *nós*.

14.
Quem é sábio?
Quem é rico?
Quem é honrado?

> *"Não sou nada. Nunca serei nada. Não posso querer ser nada. À parte isso, tenho em mim todos os sonhos do mundo."*
>
> FERNANDO PESSOA

EM 2016, Jonathan Sacks foi laureado com o Prêmio Templeton, concedido pela Fundação John Templeton, que financia algumas das pesquisas mais visionárias sobre os impactos do altruísmo e das emoções positivas como alegria, esperança e perdão na saúde física e mental das pessoas. Aquela foi uma noite memorável, na qual Sacks fez um belo discurso, cujo argumento central seria depois desenvolvido no seu último livro, *Morality*. O prêmio foi concedido em reconhecimento à "excepcional contribuição de Sacks para a afirmação da dimensão espiritual da vida".

Em meio a diversos oradores e peças musicais em homenagem ao agraciado, uma oradora foi chamada ao palco, sem que estivesse no programa oficial: sua filha caçula, Gila Sacks. Após agradecer a oportunidade de falar em seu nome e dos irmãos, Joshua e Dina, Gila prestou uma linda homenagem ao rabino Sacks, algo que qualquer pai gostaria de ouvir de um filho:

Antes de mais nada, embora isso possa soar como um lugar-comum, devo dizer que este prêmio não teria sido possível sem a força e a inspiração que meu pai e nós, como filhos, haurimos de nossa incrível mãe, Elaine. O prêmio aqui concedido a ele, portanto, deve ser dividido com ela.

Ben Zomá, numa passagem conhecida da *Mishná*, perguntou (*Ética dos pais* ou *Pirkei Avot*, Capítulo 4): "Quem é sábio? Aquele que aprende com todos". Essa é a primeira coisa que quero lhes dizer sobre o meu pai: ele aprende, aprende e aprende, com todos. Sua excitação com novas ideias, em descobrir um novo livro, não diminui, de nenhuma forma, com a passagem do tempo. Quanto mais ele sabe, mais ele quer saber. Seu compromisso é absoluto com o aprendizado em geral, em ver qualquer conhecimento como importante, desde levar a sério uma conversa sobre negócios, assim como qualquer outra sobre ética, ciência ou arte. Quando eu era mais jovem, na escola ou na universidade, não importava o campo do conhecimento ou o problema que eu lhe apresentava, ele imediatamente se dirigia à estante e pegava exatamente o livro de que eu precisava. Ele aprende com todos, e nós aprendemos isso com ele.

Ben Zomá continua: "Quem é rico? Aquele que é feliz com o que tem". Quando penso no meu pai, talvez a felicidade não seja a característica que mais sobressaia na sua personalidade de imediato. Mas, pensando bem, ele me ensinou coisas muito importantes sobre como ser feliz. Ele me ensinou que a felicidade é algo que nós escolhemos, mais do que encontramos. Que ela pode envolver trabalho duro, mas pode ser trabalhada.

Eu aprendi com a felicidade que ele encontra no mundo, mesmo quando o mundo é um lugar difícil também. Sua alegria diante de uma bela vista, numa boa caminhada ou ao ouvir uma peça de música só é comparável a viver pequenos momentos de felicidade com a minha mãe ou com os netos. Encontrar felicidade no que se tem não significa – ensina Ben Zomá – acomodação ou resignação diante do mundo, mas sentir-se feliz onde se está, aproveitar os frutos deste mundo, neste dia. Esta foi a segunda coisa que nós aprendemos com meu pai. E talvez que ele tenha aprendido conosco também.

Nós também aprendemos com a sua fé. Não apenas em Deus, mas nas pessoas. Na nossa capacidade de fazer uma diferença no mundo. Isso nunca foi para nós nenhum grande chamado para mudar o mundo. Sempre foi apenas uma maneira de olhar para o mundo, no seu potencial para o bem e para a mudança. Nossa capacidade de atuar como forças em favor do bem, nunca como observadores passivos, sempre foi algo em que meu pai acreditou e pela qual eu sou muito grata. Mesmo quando as pessoas não acreditam em si mesmas, saber que ele acredita nelas lhes dá uma força tremenda. Mesmo quando elas têm dificuldade em acreditar que as coisas podem mudar, saber que ele acredita, lhes permite seguir em frente.

Então Ben Zomá conclui: "Quem é honrado? Aquele que traz honra aos outros". Ao acreditar em nós, no nosso potencial e no nosso compromisso com o bem, meu pai traz honra para tantas pessoas. Pela vida que ele vive e pela Torá que ele ensina, ele traz honra a Deus. Então é certo que nesta noite ele seja honrado.

15.
O mundo construído de palavras

> *"A linguagem é a morada do ser.*
> *É nessa morada que habita o homem."*
> MARTIN HEIDEGGER

O JUDAÍSMO É, SOBRETUDO, uma religião de palavras. Palavras com as quais Deus criou o universo: "E Deus disse: haja a luz. E foi feita a luz." Também por seu intermédio, Ele se comunicava com a humanidade. É por isso que *lashon hará* – a maledicência, isto é, o uso ardiloso da palavra para produzir danos a alguém – é um pecado grave. Ele envolve o uso de algo sagrado para um propósito subalterno. É um tipo de profanação.

Foi a linguagem, ao tornar possível uma narrativa comum, que permitiu o desenvolvimento das formas mais complexas, flexíveis e em larga escala de cooperação social. De outra parte, quando Deus quis interromper o plano do povo de Babel, que era construir uma torre que os levaria até o céu, Ele simplesmente confundiu a sua linguagem. A soberba do individualismo autocentrado também pode inviabilizar a cooperação e levar à luta de todos contra todos. Um retorno aos estágios mais primitivos da condição humana.

O judaísmo introduz a ideia de um Deus que transcende ao universo, que não pode ser definido por nenhum de seus fenômenos naturais. Deus é invisível. Como um Deus invisível se revela? Por meio de palavras. Deus falou. Falou a Adão, a Noé, a Abraão, a Moisés. No "Deuteronômio", Moisés lembrou aos israelitas: "O Senhor lhes falou no fogo ardente. Vocês ouviram o som das palavras, mas não viram nenhuma forma; havia apenas uma voz." No judaísmo, as palavras são o veículo da revelação. Os profetas são aqueles que ouvem e falam as palavras de Deus.

Mas as palavras também têm um uso performativo, isto é, que nos permite criar novas realidades por meio da sua proclamação. O exemplo clássico é fazer uma promessa ou celebrar uma aliança. Sacks lembra Nietzsche, que dizia que a capacidade de fazer promessas representava o nascimento da moralidade e da responsabilidade humana. Essa, aliás, é a ideia que habita no coração do judaísmo: a aliança, que é uma promessa mutuamente obrigatória entre Deus e os seres humanos. A aliança é um compromisso moral, baseada nas palavras ditas, nas palavras ouvidas, nas palavras afirmadas e honradas em confiança. Foi por essa razão, afirma Sacks, que os judeus foram capazes de sobreviver a 2.000 anos de exílio. Eles perderam seu lar nacional, sua terra, seu poder, sua liberdade, mas ainda tinham a palavra de Deus que os sustentava. Uma promessa jamais rescindida.

A linguagem é a base da criação, da revelação e da vida moral. Nas palavras de Sacks, é o ar que respiram os seres sociais. Daí a assertiva forte do livro *Provérbios*: "Morte e vida são o poder da língua." De igual forma, o Salmo 34: "Aquele de vocês que ama a vida e deseja ver muitos dias bons, mantenha sua língua afastada do mal e seus lábios evitem contar mentiras." *Lashon hará* – a maledicência, ainda quando seu conteúdo seja verdadeiro – reduz não apenas aquele que é afetado pelo comentário desabonador ou desairoso, mas também quem o ouve e, sobretudo, quem o faz.

Jonathan Sacks aponta a tragédia *Otelo,* de William Shakespeare, como ilustração de como a maledicência acaba por contaminar e envenenar as relações humanas. Iago, um soldado de alta patente, está amargamente ressentido com Otelo, um general mourisco do Exército de Veneza. O ressentimento se deve ao fato de que Otelo havia promovido Cássio, um soldado mais jovem, preterindo Iago, que era mais experiente. Iago então decide vingar-se e espalha o boato de que Desdêmona, mulher de Otelo, estaria tendo um caso com Cássio. Otelo, tomado pelo ciúme, pede a Iago que mate Cássio. Otelo asfixia a mulher, Desdêmona, em sua cama. Emília, a mulher de Iago e empregada de Desdêmona, a descobre morta. Enquanto Otelo confessa o motivo por que havia assassinado a esposa, Emília compreende o plano terrível do marido e o expõe publicamente. Otelo, sentindo-se culpado, comete suicídio, enquanto Iago é preso, submetido à tortura e executado.

Ao espalhar suspeição e quebrar relações de confiança, a prática da *lashon hará* atua sobre a fraqueza emocional das pessoas, levando-as a acreditar no pior de umas em relação às outras.

Sempre antenado com seu tempo, Jonathan Sacks afirma que o *cyberbullying* é a *lashon hará* do século XXI. A internet tem, em geral, um efeito desinibidor, tornando real o mito grego do anel de Gyges. Quem usasse esse anel mágico ficaria automaticamente invisível, de modo que ele ou ela poderiam fazer o que quisessem. O anonimato propiciado pela internet cria essa oportunidade para pessoas que usam perfis falsos, por meio dos quais espalham notícias fraudulentas *(fake news)*. Trata-se de mentiras deliberadamente plantadas, de maneira ardilosa, com o objetivo de causar danos a pessoas ou grupos e para obtenção de alguma vantagem pessoal, política ou econômica.

Segundo Sacks, o advento da internet teve um efeito tão revolucionário quanto dois eventos históricos igualmente disruptivos: a invenção dos alfabetos (em substituição aos idiomas por ideogramas) e a criação da imprensa, por Johannes Gutenberg, no século XV. Ambos foram eventos transformadores da capacidade humana de conceber e transmitir ideias, liberando energias criativas até então represadas no nosso inconsciente coletivo.

Representar o mundo usando pouco mais que vinte letras combinadas permitiu que muito mais pessoas pudessem participar desse universo da cultura. Os judeus, por motivos religiosos, foram o primeiro povo da Antiguidade a alfabetizar todos os adultos, pois o jovem, antes de completar 13 anos, deve aprender o hebraico para tornar-se Bar Mitzvá ou Bat Mitzvá. A invenção da imprensa, a seu turno, também produziu um efeito revolucionário na disseminação de cópias reprográficas – o que antes dependia apenas de manuscritos.

A internet representa um fenômeno comparável em magnitude e extensão. Mas o mundo que se constrói com palavras também pode ser destruído por elas. Seus efeitos deletérios sobre a democracia, a autoestima dos jovens e a saúde mental de todos nós devem ser mais bem compreendidos e assimilados pelos filtros da política e do Direito. O que os sábios do passado nos dizem é que nenhum território deve estar imune à reflexão ética, nem mesmo o campo da liberdade de expressão.

16.
We are a people of faith, not fate
(Somos um povo de fé, não predestinado)

> *"Estamos condenados à liberdade."*
> JEAN-PAUL SARTRE

SOMOS UM POVO que acredita na fé, não em destino. Essa é uma frase da sabedoria judaica repetida inúmeras vezes por Jonathan Sacks. Mas qual é a fé dos judeus? Não me refiro, obviamente, ao monoteísmo, nem a aspectos formais de seu credo. Perquiro de modo mais íntimo sobre aquilo em que creem, como parte visceral de sua tradição comunitária milenar. Ou seja, sobre o que os move em seu inconsciente coletivo.

A rabina Angela Buchdahl, numa de suas prédicas na Central Synagogue de Nova York, explicou que o equivalente mais próximo à palavra fé, em hebraico, seria *emuná*. A tradução, no entanto, é aproximada. Segundo ela, *emuná* – que aparece na Torá pela primeira vez no "Gênesis" – seria mais bem traduzida como confiança.

Embora por vezes utilizadas como sinônimas, fé e confiança designam coisas diferentes. A fé é o nome de algo que se possui ou não. Já confiança evoca o verbo confiar, isto é, envolve o engajamento numa ação, um ato de cooperação com alguém. Em outras palavras, a fé exige uma crença em algo como pressuposto de tudo, ao passo que a confiança desperta alguém para o agir responsável, ainda que nada esteja garantido. De novo nas palavras da rabina Buchdahl, a Torá é mais interessada na maneira como as pessoas vão se comportar do que naquilo em que elas vão acreditar.

Quando Deus diz a Abraão, "sai da casa de seus pais e vá para a terra que te mostrarei; farei de ti uma grande Nação, e por ti serão abençoadas todas as Nações", ali se forja uma aliança. Não se trata de uma predestinação, mas de um pacto moral. Essa é, aliás, a diferença qualitativa entre o judaísmo e os antigos povos pagãos do Oriente. O comprometimento do Deus israelita com princípios morais é um marco divisório na história da humanidade.

Embora Abraão e Sarah tenham confiado em Deus e alcançado relativo sucesso em Canaã, a promessa de descendência ainda não havia sido cumprida. Abraão então se dirige a Deus e argumenta que sem filhos não haveria família, nem Nação, nem nada mais. Então Deus conduz Abraão para fora da tenda em que se encontrava e o convida a contar estrelas: "Conte as estrelas, se puder. Assim numerosa será a sua descendência!" Ali se estabelecia uma aliança fundada na confiança: se as ações fossem moralmente corretas, as bênçãos adviriam como consequência. A fé dos judeus, ensina Jonathan Sacks, não é baseada na garantia absoluta de um destino, mas na coragem de abraçar a dúvida a partir da confiança num sentido maior para a vida.

A rabina Angela Buchdahl prossegue dizendo que muitos judeus teriam dificuldade em descrever a sua fé de maneira abstrata, mas poderiam dar testemunho de sua confiança nos laços comunitários que os mantêm unidos pelos vínculos da solidariedade e da tradição. A confiança numa força suprema pelo bem, que opera por meio da consciência e dos braços humanos, importa mais como força motriz comunitária do que consensos abstratos em torno de intrincadas questões teológicas.

Acho bonito como os judeus falam abertamente sobre poderem perder a fé sem perder a identidade. Lembro-me de ter me emocionado com as palavras do escritor cristão Fernando Sabino quando declarou que continuaria a seguir os ensinamentos de Jesus, ainda que se lhe fosse provada a sua natureza estritamente humana. Ao final de seu sermão, a rabina Buchdahl concluiu dizendo: "Quem se integra nessa corrente do bem acaba por se tornar uma bênção para si e para todos com quem convive." A confiança nessa aliança é como uma profecia que se autorrealiza.

Embora Moisés seja mais comumente lembrado por feitos grandiosos – como libertar o povo do cativeiro no Egito, atravessar o Mar Vermelho e receber as Tábuas da Lei –, a sua atuação em defesa do povo judeu num episódio terrível, considerado pela tradição o maior de todos os pecados (a adoração do bezerro de ouro), talvez possa ilustrar o sentido da fé judaica. Quando os judeus são flagrados adorando o bezerro de ouro, depois de tudo por que tinham passado, Deus fica muito aborrecido e decide deserdá-los. Aquele ato de violação da confiança – de traição à aliança celebrada em torno de valores – pareceu demasiada aos olhos do Criador.

Era como se os filhos de Israel nada tivessem aprendido. Então Deus decide que aquele não seria mais o seu povo. Moisés intercede em favor dos israelitas e pede a Deus que volte atrás.

Apesar da promessa de ser salvo, Moisés se arrisca em defesa de seu povo e obtém para todos o perdão divino. Não havia destino traçado. A história estava por ser escrita. A mesma liberdade que permitiu ao povo adorar o bezerro de ouro pagão permite aos homens se arrependerem e alcançarem o perdão. Para os crédulos, Deus perdoa aos que se arrependem de coração puro. Para os que não creem, o arrependimento sincero pode levar à ressignificação do passado e à inauguração de uma nova relação com os erros.

O rabino Jonathan Sacks expôs em suas prédicas, incansavelmente, a crença do judaísmo no livre arbítrio. Os judeus não se consideram escolhidos para cumprir um destino histórico inexorável, mas aquinhoados com a dádiva da liberdade. Não propriamente um povo escolhido, no sentido de algum traço inato. Mas um povo que se sente *capaz de escolher*. Não pode haver bênção mais sagrada.

Todo ato de escolha envolve sempre a responsabilidade para com os outros – e, dir-se-ia hoje, também para com todos os seres viventes não humanos e com o ambiente que nos cerca – eis que viver é conviver. Desde a expulsão de Adão e Eva do Jardim do Éden, depois de terem provado do fruto da árvore do discernimento, os seres humanos passaram a enxergar a realidade sob uma nova ótica, embora antes não fossem cegos. A aquisição da consciência os dota de capacidades inéditas, fazendo-os passar da condição de seres autômatos à de seres autônomos. Ainda que a vida seja incontrolável nas suas múltiplas possibilidades, quem sobrevive ao acaso tem a última palavra.

Jacob, já no leito de morte, reúne os filhos e pretende lhes falar sobre "os dias do porvir". Esse é um desejo profundamente humano: conhecer o futuro, por meio de algum mapa que nos mostre como trilhar os caminhos da vida. Jacob queria prover os descendentes com o máximo possível de informações para um período em que ele não mais estivesse presente para guiá-los. Mas aqui algo curioso acontece: embora tenha dito que falaria sobre os dias futuros, Jacob muda de rumo e apenas concede bênçãos a cada um dos filhos. Rashi, um dos mais influentes comentaristas da Torá, explica que, neste momento, a presença divina (shekhiná) se afastara de Jacob. É por isso que, em lugar de predizer o futuro, ele apenas abençoa os filhos. Talvez não lhes fosse dado conhecer o amanhã, talvez a bênção seja mesmo acreditar na possibilidade de construí-lo. O futuro a Deus pertence.

Como explica Sacks, a fé, para os judeus, não é garantia de um destino glorioso ou um passaporte carimbado para a felicidade. Ao contrário, ela é a confiança que os move nas situações de total incerteza, mas os sustenta firmes na direção do que é certo, apenas por fidelidade a seus princípios. Para os judeus, a fé é a coragem de correr riscos por amor a uma causa justa, seja qual for o fim da história. Ela nunca está definitivamente escrita para quem crê.

17.
O judaísmo e a sacralidade da vida

> *"Mas depois que o tempo passar, sei que ninguém vai se lembrar que eu fui embora. Por isso é que eu penso assim: se alguém quiser fazer por mim, que faça agora."*
> NELSON CAVAQUINHO

A CONCEPÇÃO JUDAICA da vida pós-túmulo é malcompreendida. Woody Allen, famoso cineasta norte-americano de origem judaica, costuma dizer, com seu humor cortante, que os judeus não acreditam na vida após a morte porque os cristãos já os condenaram antecipadamente ao inferno. Não é bem assim. *Rabbi* Sacks nos ajuda a entender melhor também essa questão.

Embora a Torá dê a entender que existe um mundo vindouro, o judaísmo é uma religião obsessivamente focada na vida presente. Amar a vida em todas as suas circunstâncias, sem transferir para o futuro nenhum projeto ou sonho de felicidade.

A vida é sagrada e nossa felicidade está neste mundo, não no próximo. Isso também importa rejeitar qualquer espécie de pensamento mágico ou negacionismo da realidade. Aceitar as coisas como elas são: eis o primeiro passo para mudarmos o mundo. Quem floreia a realidade não quer, na verdade, mudar o mundo, mas engajar a família e os amigos numa espécie de autoengano coletivo.

Mas por que a religião judaica não se volta ao mundo vindouro, se a sua existência não é negada? Sacks nos oferece algumas boas dicas. Primeiro, por uma questão de foco. Se estamos aqui e agora, nosso compromisso deve ser com o tempo presente e o mundo atual. Eles são tudo o que temos. Segundo, porque a sacralidade da vida poderia ser vulnerada por uma concepção equivocada de mundo espiritual. Em outras palavras, alguém poderia ser levado a crer que a vida real não seria *esta*, mas a *próxima*. O suicídio, no judaísmo, é um pecado capital. Terceiro, porque, elevadas exponencialmente, compreensões de infinitude podem criar angústia e ansiedade em muita gente. Lembro-me de um amigo querido que tinha pesadelos recorrentes nos quais ele praticava suicídio, mas sempre retornava com os mesmos problemas. A imagem era a de alguém que saía de um poço e caía em outro poço mais largo, numa sucessão infinita de quedas. Mal comparando, era como o mito de Sísifo, que tentava escalar uma montanha, mas sempre escorregava antes de alcançar o cume.

Sempre considerei prudente a visão do judaísmo sobre a morte. Quem respeita a morte é porque valoriza a vida. Da mesma forma, acho sábia a decisão de interditar contatos antecipados com o mundo vindouro. A cada dia basta a sua agonia. Os rabinos são destituídos de uma essência mística, cabendo-lhes precipuamente o papel de zeladores dos costumes e das tradições. Perguntado, certa feita, sobre como seria esse mundo futuro, Sacks respondeu: "Não sei ao certo. Mas confio em Deus. Meu compromisso, por ora, é com o mundo presente."

18.
Cooperação e competição

"We are worth what we are willing to share with others."*

SIR MOSES MONTEFIORE

O ESCRITOR ISRAELENSE Yuval Noah Harari sustenta que não foi a razão individual que fez do *homo sapiens* a espécie reinante sobre a face da Terra. Se formos abandonados numa ilha deserta com um chimpanzé Bonobo, por exemplo, o mais provável é que ele sobreviva, e nós, não. Ao contrário, foi a nossa capacidade de cooperação social, em larga escala e de maneira flexível, para resolver problemas complexos, que nos rendeu essa posição dominante. As abelhas e formigas também cooperam em larga escala, mas sem qualquer flexibilidade. Já os grandes primatas conseguem cooperar, alcançam até alguma sofisticação e maleabilidade, mas não criam relações de confiança que lhes permitam lograr êxito em tarefas de grande escala e maior complexidade.

Apenas o ser humano tem a capacidade de construir narrativas que atribuem um sentido comum à realidade. Ao compartilhar crenças e valores por meio da linguagem, criamos

---

* [Valemos o que estamos dispostos a compartilhar com os outros.]

relações de confiança que permitem a cooperação em variadas e extraordinárias formas. Pensem nos avanços extraordinários que o ato de *confiar* nos trouxe: entrar num avião, ir para um centro cirúrgico, trocar um pedaço de papel pintado de tinta por um carrinho de compras no supermercado. De outra parte, são conhecidos e mensuráveis os custos elevados da desconfiança generalizada numa sociedade: basta se pensar na falsificação da moeda, nas fraudes digitais, na desinformação intencional espalhada nas redes sociais e contra conquistas civilizatórias, como as vacinas, os sistemas eleitorais e os veículos de comunicação. Em geral, teorias conspiratórias são concebidas e difundidas para corromper redes de confiança historicamente construídas.

Como brincou Harari, se você desse uma nota de cem dólares a um chimpanzé Bonobo para comprar uma banana, ele provavelmente diria, se soubesse falar: "O que você pensa que eu sou, um humano?" Os chimpanzés Bonobos, no máximo, trocam bananas por cocos, não por dólares. Como podem ver, o custo da desconfiança é alto. É nesse sentido que o filósofo Scott Shapiro fala numa *economia da confiança*, que seria gerada pelo planejamento social produzido a partir das leis. Só onde há condições de confiabilidade para a tomada de decisões pode haver assunção de riscos e, consequentemente, cooperação.

A democracia e o Direito são sistemas de valores compartilhados que construíram, ao longo dos séculos, a melhor capacidade de cooperação entre as pessoas em toda a história. Embora por vezes nos falte a necessária perspectiva, Steven Pinker nos mostra como os valores do Iluminismo foram capazes de reduzir a violência, a fome, as guerras e outros flagelos da humanidade. Tudo isso agora está em xeque pela difusão em massa de ideologias extremistas que desacreditam a democracia, a ciência e, de resto, os valores básicos do liberalismo.

Estamos em uma encruzilhada: seremos capazes de retomar nosso senso de cooperação social, a partir de uma revitalização da crença no Estado democrático, ou, como na alegoria bíblica da Torre de Babel, o que nos resta é "a luta de todos contra todos, em que a existência é uma experiência solitária, brutal e breve"?, nas palavras de Thomas Hobbes.

Mas se de ninguém se pode exigir a tarefa de consertar o mundo, a ninguém é dado o direito de desistir. O papel do judaísmo é o de oferecer à humanidade o seu legado ético como um patrimônio civilizatório comum, capaz de contribuir para a recuperação dos valores da democracia liberal em risco. O rabino Sacks foi um incansável defensor dos valores como bússola da sociedade, aí incluídas a política e a economia. "Uma sociedade livre é a realização de um projeto moral", disse ele, no seu último livro, *Morality*.

"*Economy is the art of making the most of life*" [a economia é a arte de extrair o máximo da vida], disse Sir Bernard Shaw. A economia de mercado produziu mais riqueza, reduziu mais pobreza e gerou mais criatividade humana do que qualquer outro sistema econômico. Mas, como diz Sacks:

> os mercados foram feitos para nos servir; nós não fomos feitos para servir aos mercados. A economia precisa de ética.

Os mercados não sobrevivem apenas pelas forças de mercado. Eles dependem do respeito pelas pessoas afetadas por nossas decisões. Perca isso e perderemos não apenas dinheiro e empregos, mas algo ainda mais significativo: liberdade, confiança e decência, coisas que têm valor, não preço.

A competição é um processo natural de seleção do mais apto a sobreviver, mas a cooperação pode ser a única solução que possibilite a sobrevivência de todos.

19. O humor judaico como redenção

> *"O que me desagrada numa piada judaica é que não nos pagam direitos autorais."*
> GROUCHO MARX

LOGO QUE FOI INDICADO como rabino-chefe do Reino Unido, Sacks estabeleceu uma longa e respeitosa relação de amizade com o então também recentemente designado arcebispo da Cantuária, George Carey, maior autoridade da Igreja Anglicana, depois da rainha. Entre outras afinidades menos mundanas, eles compartilhavam uma paixão futebolística pelo Arsenal. Assim, não desperdiçaram o convite de um amigo comum para assistirem juntos, no estádio Highbury, a um jogo entre Arsenal e Manchester United. Todavia, a presença de dois torcedores com acesso privilegiado ao plano celestial não rendeu vantagens ao Arsenal, que sofreu uma acachapante derrota por 6 a 2 – a pior em 62 anos!

Um jornal britânico ironizou a situação, questionando se aquela não seria a prova definitiva da inexistência de Deus. No dia seguinte, Sacks enviou ao jornal uma bem-humorada resposta: "Ao contrário. É a prova de que Deus existe! Apenas Ele é torcedor do Manchester United!"

João Saldanha, grande comentarista e ex-técnico da seleção

brasileira, dizia que "se macumba ganhasse jogo, campeonato baiano terminava empatado."* Talvez hoje, alguém pudesse ter a infeliz ideia de pretender censurar a blague do velho comunista. O humor é a resposta redentora que conseguimos dar às peças que a vida nos prega. Como disse certa vez o Ziraldo, fazer humor não é fazer rir. O humor é uma visão crítica do mundo, e o riso é apenas o efeito libertador que ele provoca, pela revelação inesperada da verdade.

O humor judaico é uma narrativa que carrega essa mesma potência, traduzida na capacidade de rir sinceramente de si mesmo. Ninguém ignora o mal uso que o Ministério da Propaganda do regime hitlerista fez de estereótipos contra os judeus, na sua cruzada buscando encontrar um bode expiatório para os problemas econômicos e sociais da Alemanha na década de 1930. Também se sabe que o racismo contra etnias minoritárias assume diversas feições, sendo uma delas a do *racismo recreativo*, como designado por Adilson Moreira. As piadas racistas contra negros e outras minorias têm um potencial danoso à autoestima de suas vítimas que não pode ser subestimado.

Mas o humor judaico representa uma virada de jogo do oprimido contra o opressor. Os judeus assumiram o protagonismo de sua história por intermédio do Estado de Israel, como também – e sobretudo – por meio de seus humoristas. Não apenas daqueles que se tornaram conhecidos do grande público, como Woody Allen, Groucho Marx e Charles

---

* A frase é também atribuída a Antonio Franco de Oliveira, o Neném Prancha, antigo roupeiro e olheiro do Botafogo de Futebol e Regatas.

Chaplin, mas também dos contadores de anedotas amadores, que propulsionam uma tradição oral milenar. É como se, de modo inconsciente, estivessem a dizer: "Antes de vocês, riremos nós! Afinal, nossos traços são, acima de tudo, humanos."

Jonathan Sacks tinha a verve incrivelmente afiada e não perdia a oportunidade para um bom chiste. Até para o combate à estupidez do antissemitismo o rabino encontrava no arsenal do humor uma arma poderosa. Certa vez, num debate sobre o tema, contou a seguinte anedota. Uma Igreja recém-aberta no Brooklyn anunciou em sua fachada: "Aceitam-se novos convertidos. 100 dólares de prêmio." Jacob, que passava por ali com o amigo Isaac, estava sem dinheiro e resolve entrar. Na saída, Isaac o aguardava e perguntou: "Que tal? Posso receber a minha parte no prêmio?" Jacob, já convertido, então responde: "Está vendo, Isaac! Vocês judeus só pensam em dinheiro!" Até para desconstruir velhos preconceitos o humor pode ser útil.

Você quer fazer Deus rir? Conte a Ele sobre seus planos, diz um velho ditado ídiche. Na Torá, Sara, em idade já avançada, abriu um largo sorriso depois que Deus prometeu a Abraão uma descendência tão numerosa quanto as estrelas no céu. E, no entanto, aqui estamos nós. Deus riu por último.

Quem não souber dar um sorriso que não abra uma loja, diz um velho ditado árabe. Mas poderia ser também judaico ou cristão. Por paradoxal que pareça, o que o humor judaico revela, afinal, é a profunda humanidade que nos iguala, apesar da singularidade de nossa experiência.

20.
A festa incompleta da liberdade

> *"A escravidão permanecerá como a característica nacional do Brasil."*
> JOAQUIM NABUCO

O PESSACH – a Páscoa judaica – representa a forma viva mais antiga de celebração coletiva da liberdade. Há cerca de 3.500 anos, judeus espalhados pelo mundo contam a seus descendentes sobre a amargura da escravidão no Egito e sua longa travessia para a liberdade na Terra Prometida. Mesmo nas situações mais adversas, como em guerras, nos campos de concentração e durante pandemias, a comunidade judaica resistiu e cumpriu o mandamento bíblico de transmitir às crianças o testemunho da experiência de seus antepassados.

A Última Ceia de Jesus, retratada por inúmeros artistas, revela detalhes da liturgia de Pessach, celebrado numa Jerusalém sob domínio romano, quase como um ato de subversão. Lembrar do passado era necessário, porque a opressão se fazia novamente presente.

De certa forma, Pessach representa a incompletude da libertação da humanidade, como uma obra em progresso. Se já sabemos como não ser racistas, estamos ainda aprendendo a ser antirracistas. Como disse lindamente o rabino Nilton Bonder: "Liberar-se é deixar de ser escravo; libertar-se é deixar de ser escravo e escravagista."

Não há como esquecer a escravidão, não só para que a história não se repita conosco, mas também para que ela não ocorra com outros povos. Por isso, ao final de cada Pessach, a porta da casa deve ser aberta à espera daquele que ainda está por vir, daquele para quem a festa ainda não começou. Sua simbologia me parece clara: lembrar daqueles invisíveis aos nossos olhos.

Os maiores desafios da humanidade ainda são essencialmente éticos. A pandemia pôs uma lupa sobre essa realidade. A ciência fez seu papel, de forma expedita e a contento. Entendemos a doença e produzimos imunizantes eficazes em tempo recorde. A tecnologia possibilitou interações impensáveis, permitindo que o mundo e a economia girassem, mesmo em confinamento. Yuval Harari, em recente artigo, lembrou que a ciência tornou as pragas da natureza, como a Covid-19, um desafio *gerenciável*. Por que, então, tantas mortes e sofrimento evitáveis? Por conta de decisões políticas ruins. A gestão humana da vida coletiva ainda é nosso maior problema. Não haverá avanço civilizatório sem uma reflexão ética sobre o nosso destino comum, a partir de valores essenciais como democracia, liberdade e dignidade humana.

Essa questão ganhou uma importância vital nos dias de hoje. O mundo atravessa uma espécie de hiato obscurantista, no qual as conquistas mais caras da civilização são colocadas em xeque. Patrocinar a aversão a minorias, o ódio ao diferente, o desprezo pelos vulneráveis apenas nos coloca em posição de aguardar pelo próximo encontro com novos opressores. A democracia é tão sagrada para o Estado de Israel, como o é para os cidadãos judeus brasileiros, em relação ao Brasil. Ser livre só é possível, por óbvio, onde exista um Estado Democrático de Direito. Quem desejar defender a ditadura, o autoritarismo e a barbárie, que o faça em nome próprio, não em nome da comunidade.

Num texto intitulado *Future Tense: How Jews Invented Hope,* o rabino Sacks afirma que, diversamente de todos os demais seres viventes, só o ser humano é capaz de usar a linguagem no tempo futuro. Assim é porque só o homem consegue conceber o mundo diferente do que é, em nome de algo que deveria ser. A isso se dá o nome de liberdade. Ao contrário de outros povos cuja era de ouro está no passado, a era messiânica dos judeus está no futuro, no *vir a ser.* Por isso o hino nacional de Israel é *Hatikva* ("a esperança"). Também por isso, depois de falar a Moisés no arbusto em chamas, quando o líder do povo judeu pergunta a Deus o seu nome, a resposta é: *Ehyeh asher Ehyeh.* Segundo Sacks, diferentemente do que afirmam traduções de fontes não judaicas, a frase significa literalmente: "Eu serei o que serei." O judaísmo, a religião da liberdade, é a fé no tempo futuro.

Pessach é a ocasião em que os judeus celebram a sua liberdade e cultivam, parafraseando Jorge Luís Borges, a sua *memória do futuro.* Mas é também um momento especial para compartilharem com a humanidade o seu sentimento de incompletude, enquanto o mundo não for um lugar de liberdade e esperança para todos.

21. Salvar alguém é salvar-se

> *"A porta da felicidade se abre para fora, para o outro."*
> SÖREN KIERKEGAARD

NA PÁGINA 312 do livro *Morality*, de Sacks, há uma história que viralizou no *Twitter*, em julho de 2019: Um paramédico muçulmano, que é cidadão israelense e trabalha num serviço de emergência, estava fazendo um discurso num casamento judaico em Israel, contando ao noivo e aos convidados como conhecera a noiva, Shachar Kugelmas, dez anos antes. Ele chegou à cena de um acidente de carro e a encontrou aparentemente sem vida. Estava na segunda ambulância designada para o atendimento. O resto da história talvez seja mais bem contado nas palavras do próprio paramédico, Muawiya Kabha:

> A primeira ambulância chegou com um médico. Quando eu cheguei lá, depois daqueles dois minutos iniciais, ele me informou: "Não toque nesta garota que está machucada. Já a declarei morta. Vamos cuidar do motorista." Então eu disse a ele: "Ok, você cuida do motorista." Eu fiquei cuidando de Shachar. *Lá de cima,* algo me dizia que eu precisava continuar cuidando de Shachar.

Quando me aproximei dela, Shachar estava com uma parada cardíaca. Nos termos estritos do protocolo a ser seguido, o médico estava correto. Nós precisávamos declará-la morta. Mas o que senti *lá de cima* era que eu ainda precisava tentar salvá-la. Eu fiz uma RCP (ressuscitação cardiopulmonar) em Shachar por quarenta minutos, quando ela ainda estava presa nas ferragens do carro. A polícia já havia anunciado no rádio que uma pessoa tinha morrido no acidente. Os pais de Shachar ouviram a má notícia no caminho do hospital, quando vinham do Norte. Nós continuamos a RCP e, subitamente, na entrada do hospital, Shachar apresentou um batimento cardíaco. Seu coração voltou então a bater.

Naquela noite, quando voltei para casa, não tive muitas esperanças. Coloquei minha cabeça no travesseiro e pensei que o Anjo da Morte poderia ter me alcançado. Mas eu sabia que tinha feito tudo o que podia para salvá-la. No fim, eu devo mesmo ter feito o que deveria, porque, vejam só, Shachar está aqui conosco.

Então, estou aqui para dizer a Shachar: obrigado! Normalmente as pessoas que salvamos nos dizem obrigado. Mas eu quero dizer a ela: Obrigado! E vou explicar por quê. As pessoas me perguntam o tempo todo: como você consegue continuar nesse trabalho depois de tantas mortes que presencia? A resposta está aqui. Shachar, eu só consigo continuar a fazer o meu trabalho por sua causa. *Eu salvei o seu corpo. Mas você salvou a minha alma.* Toda hora em que me vejo em chamadas de emergência, eu me lembro de você e do seu sorriso. Obrigado, obrigado. *Mazal Tov*, parabéns! Eu amo vocês dois.

Não haveria muito a acrescentar depois desse depoimento, mas Sacks conseguiu. "Mudar o mundo para os outros muda a nós mesmos." Para dizê-lo com as palavras do paramédico Muawiya: "Às vezes salvar o corpo de alguém é salvar a nossa alma."

22.
O menino Jonathan

> "*Aqui jaz Fernando Sabino: nasceu homem e morreu menino.*"
>
> FERNANDO SABINO (EPITÁFIO)

JONATHAN, COMO TANTOS MENINOS, era muito curioso, daqueles cujas perguntas deixavam o pai sem respostas. Por que nós judeus usamos a *kipá* (solidéu) na cabeça? Por que devemos descansar no Shabat (sábado)? Por que no Pessach (Páscoa judaica) comemos a *matzá* (pão ázimo)? Se Deus é um só, por que os não judeus não o seguem? Quanto mais crescia e estudava, maiores eram as perguntas. Seu pai, Louis David, era um vendedor de tecidos na Commercial Street, em Londres, algo equivalente ao Lower East Side, de Nova York. Imigrante polaco de poucos recursos, Louis não tinha muita educação formal, menos ainda educação judaica. Como lidar com um filho tão interessado pelo conhecimento? Como corresponder às expectativas idólatras da infância em relação à paternidade sem incorrer numa fraude?

"Veja, Jonathan: eu não sei as respostas para as suas perguntas. De agora em diante, saberei cada vez menos. Não me orgulho, mas também não me envergonho disso. Eu e sua mãe trabalhamos duro no comércio para que você e seus três irmãos possam estudar. Então, vamos fazer um trato. Eu continuarei trabalhando e você continuará estudando. Assim, você se tornará capaz de responder a todas as perguntas que eu não pude responder. Você se tornará o meu professor, Jonathan!"

O rabino Lorde Jonathan Henry Sacks se tornou um sábio judeu de seu tempo e uma voz do humanismo mundial. Em suas manifestações, Sacks costumava ressaltar a preocupação obsessiva do judaísmo com a educação das crianças. Ao reunir o povo antes do êxodo do Egito, Moisés não falou sobre a longa jornada até a liberdade, tampouco sobre a Terra Prometida, da qual jorrariam o leite e o mel. Ele mirou no horizonte longínquo do futuro e falou sobre o dever dos pais de educar seus filhos. E já no fim da sua vida, mesmo sabendo que não chegaria a Israel, Moisés repete a mesma lição na famosa frase, dizendo que os pais deveriam ensinar aos filhos "quando sentados em casa, ao longo do caminho, ao se levantar e ao se deitar".

Por que essa preocupação com a educação, indaga Sacks? Porque para defender um país é necessário um exército, mas para defender uma civilização são necessárias escolas. Precisamos da educação como um diálogo contínuo entre gerações. Qualquer que seja a sociedade, a cultura e a fé, precisamos contar aos nossos filhos – e eles também aos filhos deles – sobre os valores que nos inspiraram e os objetivos que nos moveram até aqui. E precisamos, sobretudo, confiar que eles chegarão mais longe do que nós, quando chegar a sua vez de escrever o seu capítulo da história.

Por mais importantes que tenham sido seus êxitos, Jonathan Sacks não se esqueceu daquele menino cuja curiosidade foi estimulada por um pai modesto, mas suficientemente lúcido para aprender com o filho. Em novembro de 2020, no funeral de Sacks, sua filha caçula, Gila, lembrou assim do pai:

> Embora ele tenha sido a pessoa mais sábia que conheci, sua sabedoria não o impediu de dar espaço, admirar e aprender com cada um de nós, seus filhos, do jeito que somos. Na verdade, essa generosidade é parte essencial do seu legado e, sobretudo, de sua sabedoria.

A morte prematura de Sacks, aos 72 anos, em plena pandemia, mas decorrente de um câncer reincidente, poderia nos levar à tentação da pergunta: por que com ele, um homem desse valor? Por que tão cedo? Por que logo agora que o mundo mais precisava de sua sabedoria? A tradição nos responde, como de costume, com outra pergunta: não pergunte *por quê*, mas *como*. Como seus familiares darão conta de sua ausência precoce? Como a comunidade judaica encaminhará sucessores à altura? Como seremos capazes de honrar o seu legado? Os *porquês* nos levariam à tristeza e à paralisia, mas os *comos* nos conduzirão às ações. Como aprendemos ao longo do caminho com Sacks, há situações para as quais não temos respostas. Apenas caminhos e instruções sobre como seguir em frente.

Epílogo

> *"Eu não o deixarei ir até que você me abençoe."*
>
> JACOB EM LUTA COM O ANJO DE DEUS (GÊNESIS: 32)

"GUSTAVO, HÁ DUAS PERGUNTAS básicas para o diagnóstico de um ataque de pânico. A pessoa acha que está na iminência de morrer ou então acha que está ficando louca." Perguntei ao Dr. Carlos Eduardo Brito qual seria o diagnóstico se a resposta a ambas as perguntas fosse afirmativa. Rimos juntos e iniciamos um trabalho que se estende, para minha sorte, até hoje.

Tive dois episódios sérios de pânico na minha vida. O primeiro, depois de uma cirurgia simples de retirada da vesícula. Deparei-me com o gatilho da minha vulnerabilidade física, não tinha noção nem controle sobre minhas emoções e descompensei. O segundo episódio, em plena pandemia, veio antes da vacina e logo após a morte trágica do meu sogro, que contraiu Covid-19. Foi sofrido, passei por maus bocados, mas não apenas sobrevivi: posso afirmar, sem qualquer bravata, que saí melhor desses episódios do que entrei. Meditação, atividades físicas, terapia e o apoio de pessoas queridas foram coisas fundamentais para a minha recuperação. Mas houve algo mais.

A morte de alguém que se ama, a perda do emprego da vida, um diagnóstico grave inesperado, um sério desentendimento familiar ou uma separação indesejada são eventos que, entre tantos outros, podem deflagrar crises estruturais em nossas vidas. Não me refiro apenas à tristeza e ao sofrimento, mas a abalos sísmicos que colocam em xeque as fundações sobre as quais edificamos as nossas convicções. Às vezes a saída está em reforçá-las; às vezes, somos levados a uma ressignificação radical de algumas delas.

Na enigmática passagem bíblica citada na epígrafe (*Gênesis*: 32), Jacob, longe de casa, luta contra um adversário estranho e sem nome, do início da noite até o romper do dia. Vinte e dois anos antes, Jacob havia deixado a sua casa e roubado a bênção de seu irmão mais velho, Esaú, fazendo-se passar por ele. Ele agora está retornando e teme a vingança do irmão, quando ouve que aquele o aguarda com uma milícia de 400 homens. Jacob está sob intenso estresse e sabe que enfrenta a mais desafiadora crise de sua vida. O fato de o confronto envolver um irmão torna o cenário emocionalmente mais dramático.

É então que surge um homem com quem Jacob luta da noite até o amanhecer. O *Gênesis* não nos informa quem ele é, mas o profeta Oseias diz que Jacob duela com um anjo. Jacob acha que lutava com Deus e que sua vida foi poupada. Jonathan Sacks nos oferece uma interpretação inspiradora dessa passagem bíblica. Para ele, em primeiro lugar, a luta inesperada surge para nos lembrar que os desafios da vida são assim: surgem de forma acidental, colhendo-nos despreparados. "Liberdade significa viver com o desconhecido à frente. Essa é a condição humana. Por isso ser livre é praticamente impossível sem fé", afirma Sacks.

Em segundo lugar, a batalha que decide o nosso futuro está no interior da nossa alma. Se Jacob consegue lutar contra Deus e prevalecer, ele conseguirá enfrentar seu irmão Esaú sem medo. "Se conseguimos vencer a guerra aqui dentro de nós, conseguiremos vencê-la lá fora", diz Sacks. Esse é o sentido da conhecida frase de Franklin Delano Roosevelt, pronunciada em 1933, no meio da Grande Depressão: "A única coisa que temos a temer é o próprio medo [*the only thing we have to fear is fear itself*]."

Em terceiro lugar, aquilo que fez toda a diferença: ao dizer que só deixaria o anjo seguir adiante depois que ele o abençoasse, Jacob abre caminho para a mais humana e gloriosa de todas as expectativas: a possibilidade de redenção. Eu descobri – como certamente muitas outras pessoas – que os eventos mais dolorosos foram também aqueles que, em retrospectiva, mais me fizeram aprender e crescer. Eles nos ajudam a tomar decisões difíceis, mas necessárias, forçando-nos a nos perguntar: "Quem sou eu e o que realmente importa para mim?" Eles nos movem da superfície para a profundeza das coisas, onde descobrimos forças até então desconhecidas e uma clareza de propósito que nos faltava.

As batalhas são duras e nos deixam cicatrizes. Mas quando a vida parece estar contra nós, nas suas inúmeras crises, aprendi a dizer para ela: eu não a deixarei seguir adiante até que você me abençoe! Até aqui, essa postura tem me ajudado a sair de situações difíceis me sentindo mais forte, mais sábio e mais abençoado.

Há certamente outros caminhos possíveis para a edificação de uma vida pessoal abençoada e a construção de laços comunitários fundados nos valores da igualdade e da solidariedade. Para os judeus, o judaísmo é a fonte de sabedoria de seus ancestrais compartilhada por milênios, de geração em geração. Alegra-me que essa sabedoria hoje possa ser livremente compartilhada com toda a humanidade.

Glossário

Am kadosh: povo sagrado ou abençoado.
Brit Milá: cerimônia religiosa da circuncisão, feita no oitavo dia de vida, para simbolizar a aliança celebrada ente Deus e Abraão.
Emuná: fé ou confiança.
Histórias chassídicas: histórias que versam sobre a espiritualidade judaica, em geral associada ao misticismo desenvolvido a partir do século XVIII, na Europa Oriental, sob a liderança do rabino Israel Ben Eliezer, mais conhecido como Baal Shem Tov.
Ídiche: língua falada pelos judeus no Leste Europeu.
Kaddish: oração dos enlutados, ainda pronunciada em aramaico.
Kipá: solidéu usado na cabeça pelos judeus na sinagoga ou pelos judeus ortodoxos nas suas atividades em geral.
Klal Israel: o coletivo de Israel, designando a própria comunidade judaica.
Matzá: pão ázimo, ou seja, sem fermento, que é consumido durante a Páscoa judaica, em lembrança do alimento que

os israelitas tiveram que consumir na sua fuga da escravidão no Egito.

Mishná: compilação mais antiga de leis e interpretações orais da Torá.

Mohel: pessoa habilitada a realizar o *Brit Milá* – normalmente um médico – hoje em dia, com o treinamento religioso.

Pessach: Páscoa judaica, que relembra a passagem das dez pragas do Egito sem que elas entrassem nos lares dos hebreus. Além disso, marca no calendário a saída do povo israelita, até então escravizado, do Egito, através do Mar Vermelho e rumo à Terra Prometida.

Rashi: acrônimo do Rabbi Shlomo Yitzhaqi, rabino francês da Idade Média, conhecido como um dos mais influentes comentaristas da Torá e do Talmude.

Rosh Hashaná: primeiro do ano, entendido como o ano-novo judaico.

Shabat: dia sagrado do judaísmo (sábado), que se inicia na sexta-feira, quando a primeira estrela surge no céu. Deve ser dedicado ao descanso e a Deus.

Shavuot: festa que marca a entrega da Torá a Moisés e ao povo israelita no Monte Sinai.

Shekhiná: presença divina, conceito próximo do espírito santo, no cristianismo.

Sukkot: festa que relembra os quarenta anos em que os judeus peregrinaram pelo deserto rumo à Terra Prometida. Segundo a tradição, durante *Sukkot*, os membros da comunidade devem fazer suas refeições em cabanas erguidas ao ar livre, de modo que o céu possa ser visto.

Talmude: compilação de leis e interpretações orais da Torá, surgida depois da *Mishná*.

Torá: Bíblia hebraica, Pentateuco ou Antigo Testamento. É composta pelos seguintes livros: "Gênesis", "Êxodo", "Levítico", "Números" e "Deuteronômio".

Yom Kippur: Dia do Perdão.

Referências

BERGOGLIO, Jorge Mario; SKORKA, Abraham. *Sobre o céu e a terra*. São Paulo: Editora Paralela, 2013.

BONDER, Nilton. *A alma imoral:* traição e tradição através dos tempos. Rio de Janeiro: Editora Rocco, 1997.

BONDER, Nilton. *Carta aos judeus*. Rio de Janeiro: Editora CJB, 2014.

GHIVELDER, Zevi. "Shakespeare e os judeus". *Revista Morashá*. Edição 115, junho de 2022. Disponível em: http://www.morasha.com.br/antissemitismo/shakespeare-e-os-judeus.html. Acesso em: 12 fev. 2023.

GREENBERG, Irving. *The Jewish Way:* Living the Holidays. Maryland: Jason Aronson Publisher, 1993.

JOHNSON, Paul. *História dos judeus*. Rio de Janeiro: Editora Imago, 1995.

OZ, Amós; OZ-SALZBERGER, Fania. *Os judeus e as palavras*. São Paulo: Editora Companhia das Letras, 2015.

SACKS, Jonathan Henry. *The Politics of Hope*. Jonathan Cape, 1997.

SACKS, Jonathan Henry. *The Dignity of Difference:* How to Avoid the Clash of Civilizations. Nova York: Bloomsbury Continuum, 2003.

SACKS, Jonathan Henry. *From Optimism to Hope.* A Collection of BBC Thoughts for the Day. Nova York: Bloomsbury Publishing, 2004.

SACKS, Jonathan Henry. *To Heal a Fractured World:* The Ethics of Responsability. Nova York: Schocken Books, 2007.

SACKS, Jonathan Henry. *Future Tense:* A Vision For Jews And Judaism in the Global Culture. Londres: Hodder & Stoughton, 2009.

SACKS, Jonathan Henry. *Exodus:* The Book of Redemption. Covenant and Conversation: A Weekly Reading of the Jewish Bible. Jerusalém: Maggid Books, 2010.

SACKS, Jonathan Henry. *The Persistence of Faith:* Religion, Morality, and Society in a Secular Age. Nova York: Bloomsbury Continuum, 2010.

SACKS, Jonathan Henry. *The Great Partnership:* God, Science and the Search for Meaning. Nova York: Schocken Books, 2012.

SACKS, Jonathan Henry. *A Judaism Engaged with the World.* Londres: Exco DPS, 2013.

SACKS, Jonathan Henry. *Leviticus*: The Book of Holiness. Covenant and Conversation: A Weekly Reading of the Jewish Bible. Jerusalém: Maggid Books, 2015.

SACKS, Jonathan Henry. *Lessons in Leadership:* A Weekly Reading of the Jewish Bible. *Jerusalém:* Maggid Books, 2015.

SACKS, Jonathan Henry. *Not in God's Name:* Confronting Religious Violence. Londres: Hodder & Stoughton, 2016.

SACKS, Jonathan Henry. *Celebrating Life:* Finding Happiness in Unexpected Places. Nova York: Bloomsbury Continuum, 2019.

SACKS, Jonathan Henry. *Morality:* Restoring Common Good in Divided Times. Nova York: Basic Books, 2020.

SHAPIRO, James. *Shakespeare and the Jews.* Nova York: Columbia University Press, 2016.

www.historiareal.intrinseca.com.br

1ª edição
impressão
papel de miolo
papel de capa
tipografia

MAIO DE 2023
IMPRENSA DA FÉ
PÓLEN NATURAL 80G/M²
CARTÃO SUPREMO ALTA ALVURA 250G/M²
DANTE